Deutsche Haiku-Gesellschaft e. V.

Die Deutsche Haiku-Gesellschaft e. V.[1] unterstützt die Förderung und Verbreitung deutschsprachiger Lyrik in tradition̶̶̶̶ ̶ ̶ nischen Gattungen (Haiku, Tanka, Haib̶̶̶ ̶ ̶) sowie die Vermittlung ja̶ ̶ ̶ ̶ ler deutschsprachigen H̶ ̶ ̶ ̶ ̶ziehungen zu entsprechen̶ ̶ ̶ ̶ ̶ Vorstand unterstützt mehr̶ ̶ ̶ ̶ ̶ d sowie Österreich, die wiederum Mitglieder versch̶ ̶ ̶

[1]Mitglied der Federation of Internat̶ ̶ ̶ ̶ ̶ ̶ ed der UNESCO), der Haiku International Assoc. ̶ ̶ ̶ ̶ ty of America, New York.

Anschrift	Deutsche Haiku-Gesellschaft e. V., z. Hd. Petra Klingl, Wansdorfer Steig 17, 13587 Berlin
Vorstand	
Info/DHG-Kontakt und Redaktion	Eleonore Nickolay, eleonore.nickolay@dhg-vorstand.de
Redaktion	Horst-Oliver Buchholz, horst-oliver.buchholz@dhg-vorstand.de
Kassenwartin	Petra Klingl, petra.klingl@dhg-vorstand.de
Website	Claudia Brefeld, post@claudiabrefeld.de
Internationale Kontakte	Klaus-Dieter Wirth, kd.wirth@dhg-vorstand.de
	Peter Rudolf, peter.rudolf@dhg-vorstand.de
	Frank Sauer, frank.sauer@dhg-vorstand.de
	Tobias Tiefensee, tobias.tiefensee@dhg-vorstand.de
Bankverbindung:	Landessparkasse zu Oldenburg, BLZ 280 501 00, Kto.-Nr. 070 450 085 (BIC: SLZODE22XXX, IBAN: DE97 2805 0100 0070 4500 85)

Bibliografische Information der Deutschen Nationalbibliothek:
Die Deutsche Nationalbibliothek verzeichnet diese Publikation
in der Deutschen Nationalbibliografie;
detaillierte bibliografische Daten sind im Internet über dnb.dnb.de abrufbar.

© 2024 Haiku-Gesellschaft e. V. Deutsche (Hrsg.)
Verlag: BoD · Books on Demand GmbH,
In de Tarpen 42, 22848 Norderstedt
Druck: Libri Plureos GmbH, Friedensallee 273,
22763 Hamburg
ISBN: **978-3-7597-1559-3**

Editorial

Liebe Leserinnen, liebe Leser,

das Jahr ist alt geworden. Zum Zeitpunkt des Erscheinens dieser Ausgabe von SOMMERGRAS sind die Bäume weitgehend kahl, die Tage kurz und kalt. Bald feiern wir Weihnachten, ein Fest, das tief in der Vergangenheit verwurzelt ist. Eine Woche später stehen wir schon an der Schwelle eines neuen Jahres, das viele Möglichkeiten in sich birgt – gute ebenso wie schreckliche, wenn wir an die zahlreichen Krisenherde auf dieser Erde denken. Keiner weiß, wie sie sich entwickeln werden.

Tief in die Vergangenheit – und damit in diesem Punkt dem Weihnachtsfest vergleichbar – reichen auch die Wurzeln der Demokratie. Für manche ist sie inzwischen ein Relikt aus früheren Zeiten, das ihnen nicht viel wert ist. So zumindest zeigen es viele Beiträge, die zum Wettbewerb „Demokratie im Feuer" eingesandt wurden, der in Nummer 145 von Sommergras ausgeschrieben war. Doch bei allen Schwächen: Es handelt sich um eine Staatsform, die die Meinungsfreiheit und das Recht des Schwächeren schützt. Sie bedarf unseres Einsatzes, damit sie ihre Kraft immer aufs Neue entfalten kann!

Als Redaktionsteam sind wir, nicht nur bei Wettbewerben, dankbar, wenn wir aus einer reichen Auswahl zugesandter Beiträge schöpfen können. Hoffentlich haben viele Haiku Sie durchs zu Ende gehende Jahr begleitet. Es ist faszinierend, wie eine alte Gedichtform bis heute dabei hilft, Eindrücke zu formulieren und neue Perspektiven zu entwickeln. Ihre Gedanken finden wieder Niederschlag in den vielen Auswahlen dieser Ausgabe von Sommergras. Viel Freude beim Lesen! Wir machen Ihnen Mut, uns auch weiterhin an Ihren Einblicken und Ausblicken teilhaben zu lassen.

Was die Redaktionsarbeit angeht, bin ich die „Neue" und freue mich auf unbekannte Aufgaben und alles, was ich im Laufe der Zeit dazulernen werde. Ich bin dankbar, dass mir hilfsbereite Kräfte mit viel Erfahrung zur Seite stehen.

Ich glaube, das ist eine nicht zu unterschätzende Chance, bei der Arbeit an Gedichten genau wie im übrigen Leben – aus Bewährtem Kraft zu schöpfen und dann gemeinsam die Herausforderungen anzugehen, vor die wir gestellt werden. Möge Ihnen die Haiku-Gemeinschaft in diesen bewegten Zeiten ein Stück Rückhalt geben! In diesem Sinne wünsche ich Ihnen im Namen des Redaktionsteams ein frohes Weihnachtsfest und ein friedliches Jahr 2025!

Ihre Sylvia Hartmann

Besinnliche Feiertage und ein glückliches neues Jahr wünscht Ihnen die Sommergras-Redaktion

Inhalt

Editorial 3

Frank Sauer: „Demokratie im Feuer", Ergebnisse der Auswahl 7

KreAktiv 15

Haiku-Kaleidoskop

Klaus-Dieter Wirth: Das Haiku in Schweden 18

Conrad Miesen: Porträt und Würdigung von Waltraud Schallehn 36

Haiga von Petra Ehrnsperger und Rita Rosen 43

Klaus-Dieter Wirth: Der Integrierungsprozess des Haiku aus dem Blickwinkel der deutschsprachigen Übersetzungsgeschichte 44

Klaus Stute: Das berühmte Frosch-Haiku – eine Nachlese 55

Kompakt

Claudia Brefeld: Gūi 58

Auswahlen 61

Haiku-Auswahl 64

Tanka-Auswahl 73

Sonderbeitrag von Brigitte ten Brink 74

Mitgliederseite 76

Haibun 80

Haiga von Claudia Brefeld 85

Tan-Renga 86

Haiga von Georges Hartmann 86

Kettengedichte 87

Haiga von Claudia Brefeld 88

Bücher

Traude Veran: Haiku von Richard Wright 89

Tobias Tiefensee: Nah der Ferne von Eleonore Nickolay und Horst-Oliver Buchholz 92

Rüdiger Jung: Kann nicht stillsitzen von Ingo Cesaro (Hrsg.) 95

Tobias Tiefensee: Blütenschwarz von Alexander Groth 97

Haiga von Gabriele Hartmann 101

Brigitte ten Brink: Im blauen Leuchten von Volker Friebel 102

Rüdiger Jung: Sehnsucht nach Frieden von Ingo Cesaro (Hrsg.) 106

Haiga von Angelika Holweger 113

Berichte

Rita Rosen: Lesen in Spanien 114

Mitteilungen 117

Impressum 122

Bericht des Koordinators Frank Sauer

Demokratie im Feuer

Insgesamt beteiligten sich 29 Autorinnen und Autoren an dem vom Vorstand initiierten Aufruf im SOMMERGRAS 145. Einsendeschluss war der 31. August 2024. Es wurden 27 Haiku, 11 Tanka und 7 Haibun eingereicht.
   Allen Einsendern und Einsenderinnen sei herzlich gedankt!
Die Jury bestand aus Horst-Oliver Buchholz, Eleonore Nickolay, Klaus-Dieter Wirth. Sie reichten selbst keine eigenen Texte ein. Es konnten pro Text von jedem Jurymitglied 0 bis 3 Punkte vergeben werden.

Das Ergebnis

Kategorie Haiku

6 Punkte

>Migrantenhetze
>unter Nachbarn
>er fühlt sich fremd
>   **Martin Berner**

>im Bücherschrank
>neben dem Springbrunnen verstaubt
>das Grundgesetz
>   **Ruth Karoline Mieger**

>deine Hand sucht nach
>meiner Hand auf dem Weg zur
>Abstimmung
>   **Peter Rudolf**

5 Punkte

Worte züngeln
am Asylcontainer
Asche, Asche, Nacht*

*aus Paul Celan: Engführung
Claudia Brefeld

Demokratieverständnis
ihr Söhnchen quengelt
in der Wahlkabine
Wolfgang Rödig

wild fremd
im Austausch
Freunde
Frank Sauer

4 Punkte

Gegenmeinungen,
heiße Diskussionen.
Dann ein Händedruck.
Josef Graßmugg

Knistern und Rauschen
Leis verschwimmt die Umgebung
Wahlabendgrillen
Philipp Restetzki

Jedes Jahr wieder
Gedenktag zum Kriegsbeginn –
das treue Häuflein
- **Birgit Wendling**

Kategorie Tanka

8 Punkte

im Keller
der KZ Gedenkstätte
wortlos
die Öfen des Verbrechens
sperren ihre Mäuler auf
- **Frank Sauer**

6 Punkte

„Kopftuch-Mädchen!"
sprachliche Gewalt
von rechts
die Jungfrau Maria neigt
das verhüllte Haupt
- **Gabriele Hartmann**

5 Punkte

Bundestag
die Brandrede
beifallslos
von der Mehrheit
gelöscht
Friedrich Winzer

4 Punkte

Brandschaden
Dieses prächtige Gebäude
Hat schwer gelitten
Manche sind schon ausgezogen
Doch viele packen noch mit an
Thomas Wittek

Kategorie Haibun

8 Punkte

Birgit Lockheimer

An der Bushaltestelle

Mit einer Freundin habe ich mich an der Bushaltestelle vor dem Bürgerbüro verabredet, um gemeinsam an einer Demonstration gegen rechts teilzunehmen. Ich habe ein Pappschild gemalt: NIE WIEDER IST JETZT. Als ich eintreffe, ist da schon jemand: Ein Obdachloser hat sich auf der langen, vor Regen geschützten Bank in seinen Schlafsack eingemummelt, sein Gesicht ist nicht zu erkennen.

akkurat
vor der Bank platziert
die Schuhe des Penners

Meine Freundin verspätet sich. Ich setze mich auf die Bank neben dem Mann im Schlafsack, das Schild vor mir auf dem Schoß. Dabei vermeide ich es bewusst, zu dem Obdachlosen auf Abstand zu gehen.
Eine Frau kommt vorbei, zögert kurz, tritt dann direkt auf mich zu und streckt mir ihre geschlossene Hand entgegen. Verwundert schaue ich zu ihr auf und frage sie, was sie möchte. Sie versteht offensichtlich kein Deutsch, schaut nun ihrerseits verwundert, schließlich dreht sie sich um und geht weiter. Langsam dämmert mir: Die Frau, die nicht lesen konnte, was auf meinem Schild steht, dachte wohl, der Obdachlose und ich gehören zusammen. Mit dem Blick einer Fremden sehe ich an mir hinunter.

5 Punkte

Regine Beckmann

Nismas lila Muschelschale

Schuljahresbeginn. Die Kinder erzählen, lachen und kreischen. Es ist sehr laut. Die Lehrerin stellt Nisma vor. Nisma kommt aus dem Sudan. Die Lehrerin schenkt ihr eine lila Muschelschale. Sie passt zu Nisma, ist wie sie, so zart und fein, meint die Lehrerin. Nisma lächelt. Die Kinder sollen nett zu ihr sein, Nisma hat viel erlebt. Auch nicht so Schönes, sagt die Lehrerin. Die Kinder sind nett. Sie fragen und reden. Ein bisschen versteht Nisma. Sie soll gleich mit in die Pause kommen. Nisma strahlt. Ein

Mädchen fasst Nisma bei der Hand. Aber dann zuckt sie zurück. Nismas Hand ist ganz verdreht und schaut komisch aus. Die Kinder wissen nicht mehr, wohin sie gucken sollen. Zwei beginnen einen Streit. Sie schubsen und schlagen. Nisma zittert. Sie dreht sich weg. Ganz fest hält sie ihre lila Muschelschale.

> Glockenton erklingt
> Kinder strömen fröhlich fort
> Muschelschale bricht

Frank Sauer

Bewachter Parkplatz

Auf dem Reichsparteitagsgelände sieht mich der Parkplatzwächter entrüstet an, als ich eine abwertende Bemerkung zu dem Mann mache, der dort oben auf dem Rednerpodest seine teuflischen Reden hielt und wie kein Zweiter mit seinen Anhängern Elend und Verderben über die Menschen brachte. Wie ich denn so von ihm sprechen könne, er sei doch ein gewählter Politiker gewesen, schimpft der Mann.
Mir verschlägt es kurz die Sprache, bevor ich ihn frage, ob denn ein Politiker ein Massenmörder sein dürfe. Der Mann antwortet nicht und wendet sich von mir ab an einem Ort, von dem aus das Grauen in die Welt getragen wurde.

> im Gespräch
> die Mauern im Kopf
> überwinden

Brigitte ten Brink

Grenzen im Kopf

Die Sparkassenfiliale in unserem Dorf ist noch nicht den Sparmaßnahmen zum Opfer gefallen. Als ich sie betrete, steht eine Schlange vor dem einzigen Schalter, ganz vorne ein Flüchtlingsehepaar, welches in der Unterkunft im Ort Zuflucht gefunden hat. Es scheint Probleme auf Grund von Sprachschwierigkeiten zu geben. Die Erklärungen der Sparkassenangestellten werden nicht verstanden. Da dreht sich der vor mir in der Warteschlange stehende alte Herr um und äußert seinen Unmut über diese Situation: Ihm sei im Leben auch nichts geschenkt worden. Er musste sich seinen Lebensunterhalt selber erarbeiten, und die kommen einfach hierher und stellen Ansprüche!

> unantastbar
> die Menschenwürde
> ist angezählt

4 Punkte

Udo Zielke

Abendspaziergang

Ein schöner Spätsommerabend hatte mich zu einem kleinen Spaziergang verlockt. Durch die ruhige Kleingartenanlage gelangte ich an die Hauptstraße. Hier war eindeutig zu erkennen, dass der Wahlkampf begonnen hatte. Gleich an zwei Lichtmasten sah ich angelehnte Leitern. Auf beiden stand jemand, der sich anschickte, ein Plakat daran zu befestigen.

Als ich mich dem ersten Mast näherte, schien mir, dass die dortige Leiter zu schwanken begann. Ich erhöhte mein Lauftempo, um einen drohenden Unfall verhindern zu können. Drei Schritte vor dem Ziel erkannte ich, was für ein Plakat dort platziert werden sollte. Es gehörte zu einer Partei, die auch anerkannte Nazis in ihren Reihen duldet.
Mein Eifer zu helfen ebbte sofort ab. Ohne einzugreifen, ließ ich den Wahlkämpfer hinter mir. Die Faust in der Tasche geballt, setzte ich meinen Weg schneller fort als zuvor.

    Die braunen Pflanzen
    zu rupfen ist schwer
    Es ist an der Zeit

Dank und Gratulation des DHG-Vorstandes

Der DHG-Vorstand bedankt sich ganz herzlich bei allen, die sich an dem Wettbewerb beteiligt haben. Sie alle setzten mit Engagement und Herzblut ein Zeichen gegen vergiftete Diskurse, Gewalt und Ausgrenzung. Aufgabe der Jury war, den literarischen Aspekt in die Waagschale zu legen und zu beurteilen, inwieweit die Umsetzung den jeweiligen Kriterien des Haiku, Tanka und Haibun entsprach. Herzliche Gratulation an alle, die die Jury in diesem Sinne überzeugen konnten.

    Eleonore Nickolay

KreAktiv

Karumi, das Schöne im Einfachen,

dazu hatten wir eingeladen, ein Haiku zu schreiben. Zugegeben, nicht eben einfach, Verse zu ersinnen, die diesem ästhetisch-philosophischen Gedanken folgen und ihm Ausdruck verleihen. Einige beachtliche Versuche haben uns erreicht, am Ende waren es 26 Einsendungen, die in unser Postfach flatterten. Wir danken herzlich. Leicht war es nicht, eine Auswahl zu treffen ... und schließlich waren es gleich drei Haiku, sehr ungewöhnlich, die die gleiche und höchste Punktzahl unter allen erreichten. Wir gratulieren!

Demenz
im Vorbeigehen streichelt sie sanft
über seinen Kopf
    Hildegard Dohrendorf

tief stehende Sonne
ihre faltigen Hände
ruhen im Schoß
    Gabriele Hartmann

frühlingsmorgen
dem kinderlachen
das fenster öffnen
    Tobias Tiefensee

Sechs weitere Haiku haben die Juroren für gut gelungen befunden, hier stellen wir sie vor.

die Schuhe wieder anziehn
für den Rückweg ...
Tagundnachtgleiche
    Bernadette Duncan

die schlichte Schönheit
der Teeschale ...
in meinen Händen
    Jutta Petzold

erster Geburtstag
ein Kerzenlicht vergrößert
zwei große Augen
    Wolfgang Rödig

dämmernde Frühe
die Küche duftet
nach Pflaumen
    Angelica Seithe

Ruhestand
wir füllen die Tage
mit Zweisamkeit
    Friedrich Winzer

tausend gefaltete Kraniche bewegen den Wind
    Angela Schmidt

Alle übrigen Haiku dokumentieren wir auf der Website der DHG unter www.haiku.de/sommergras147.

Nach dem Ausflug ins Abstrakte, ins Ästhetisch-Philosophische, kehren wir zurück in die harte materielle Welt, ins Zivilisatorische oder das, was Menschen dafür halten oder daraus machen … Schauen Sie auf dieses Bild! Ein Moloch, ein monströser Abgrund städtischer Architektur … Was für ein Haiku kann aufsteigen aus solchem Abgrund? Wer weiß Antwort? Wir laden Sie ein, ein Haiku zu schreiben, inspiriert von diesem Bild. Es sollte keine Bildbeschreibung sein, das Bild ist Ausgangspunkt für Assoziatives. Ein davon inspiriertes Haiku kann sich vom Bild entfernen und auf eine andere Sphäre verweisen, auf etwas Neues, Verwandtes oder Verwandeltes, Gedankliches oder Emotionales, aber eben von diesem Foto angeregt.

    Wir sind sehr gespannt auf Ihre Einsendungen!

Schicken Sie bitte ein Haiku an

>	redaktion@sommergras.de
>	Stichwort: Haiku KreAktiv
>	Einsendeschluss: 15. Januar 2025

Haiku-Kaleidoskop

Klaus-Dieter Wirth

Das Haiku in Schweden

Wie in anderen Ländern ist die Kenntnis vom Haiku, dieser ganz spezifischen Gedichtform, zuallererst Sprach- und Literaturwissenschaftlern um die Wende zum 20. Jahrhundert zu verdanken, die ihre Entdeckungen in literarischen Überblickswerken und Übersetzungen japanischer Originaltexte vorstellten. Dies geschah meistens auf Englisch. So waren es zunächst Lafcadio Hearn (1850–1904), ein Autor griechisch-irischer Abstammung, und viel später in ähnlicher Situation, d. h. nach dem Zweiten Weltkrieg, Reginald Horace Blith (1898–1964), die prägende Spuren für die Entwicklung des schwedischen Haiku hinterließen. In der Zwischenzeit weckte Miyamori Asatarō (1869–1952) das Interesse an der japanischen Verstradition durch seine Publikationen „Anthology of Haiku, Ancient and Modern" (Tokyo: Maruzen, 1932) und „Masterpieces of Japanese Poetry, Ancient and Modern" (2 vols., Tokyo: Maruzen, 1936), wegbereitende kompilatorische Werke mit detaillierten Erläuterungen.

Die erste Veröffentlichung von Haiku in schwedischer Übersetzung „Haiku: japansk miniatyr-lyrik" (Stockholm: Almqvist & Wiksell/Gebers, 1959) wurde von Jan Vintilescu (1923–) verfasst, und 1961 erschien die erste Sammlung einheimischer schwedischer Haiku unter dem Titel „Några ord att fästa på siden" (Einige Worte auf Seiten festgehalten). Zwei Jahre später wurden 110 dreizeilige, recht haikuähnliche Gedichte in das öffentliche Interesse gerückt, und zwar durch die postume Veröffentlichung des privaten Tagebuchs von Dag Hammarskjöld, dem zweiten UN Generalsekretär, der bei einem Flugzeugabsturz in Afrika ums Leben gekommen war. Das Buch trug den Titel „Vägmärken" (Wegmarken). Es dauerte jedoch noch bis 1999, als die nationale schwedische Haiku-Gesellschaft Svenska Haiku Sälskapet (SHS) von Kaj Falkman und Sten

Svensson gegründet wurde. Nur ungefähr ein Jahr später erblickte auch die erste Ausgabe ihrer Vierteljahresschrift „Haiku" das Licht der Welt.

Ebenfalls 2000 wurde die zweisprachige, schwedisch-japanische Anthologie „Aprilsnö" (Aprilschnee – Shigatsu no yuki) auf den Markt gebracht, eine Sammlung mit 100 Gedichten schwedischer Haiku-Autoren und weiterer 100 japanischer Autoren. Seit 2003 steht Haiku-Liebhabern auch ein besonderes Referenzwerk, geschrieben von dem Japanologen Lars Vargö, zur Verfügung: „Japansk haiku. Världens kortaste diktform" (Japanische Haiku. Die kürzeste Gedichtform der Welt). 2004 folgte eine weitere Anthologie „Haiku Förvandlingar" (Haiku-Umsetzungen), worin 103 schwedische Haiku-Autoren bis zu 15 Haiku veröffentlichten. Die Anthologie „Ljudlöst stiger gryningen" (Geräuschlos die Morgendämmerung), veröffentlicht 2008, enthielt jeweils 50 Haiku von 10 Autoren. Auf sie folgte 2009 die Anthologie „Snödroppar" (Schneeglöckchen) von 11 Autoren mit je 10 Haiku.

Als Reaktion auf die strenge 5-7-5-Silbenform bildete sich 2008 eine weitere Gesellschaft mit Namen „Fri Haiku" (Freies Haiku); nicht gezwungenermaßen in Opposition zu den Aktivitäten der SHS, sondern eher als Ergänzung zu verstehen. Die Idee hinter „Fri Haiku" war, dass, wenn Dichter zu streng dem Prinzip der Silbenzählung folgten, dabei leicht die Dichtung selbst darunter leiden würde ... Die Aktivitäten von „Fri Haiku" beschränkten sich hauptsächlich auf eine Zeitschrift fürs Internet; daneben veröffentlichte man auch in regelmäßig erscheinenden Jahrbüchern. Mit der Verfügbarkeit von Zeitschriften und Anthologien nahm die Zahl der schwedischen Haiku-Schriftsteller ständig zu, gleichfalls die von *kushū*, Haiku-Sammlungen einzelner Autoren.

Schließlich sollte nicht vergessen werden, dass sich Schweden eines Literaturnobelpreisträgers rühmen kann, Tomas Tranströmer (1931–2015). Eines seiner letzten Bücher „Den stora gåtan" (Das große Rätsel) erschien 2004 und enthält 5 Gedichte im freien Format, gefolgt von 45 Haiku in 11 Folgen, bewundert wegen ihrer kühnen Metaphern.

Ulf Åberg

Vilar i jollen,
längs havets rand i fjärran
gungar öarna

Resting in the dhingy,	Ausruhen in der Jolle,
along the horizon of the sea	am Horizont des Meeres
the islands are rocking	schaukeln die Inseln

Cyklisten dras in
i en virvel av skogdoft
från timmerbilen

Cyclists drawn into	Radfahrer hineingezogen in
a whirl of forest scent	einen Wirbel von Waldduft
from the timber truck	von einem Holzlader

Johan Bergstad

vårbegravning
koltrastarna sjunger
hela vägen hem

spring funeral	Bestattung im Frühjahr
blackbirds are singing	Amselgesang
all the way home	auf dem ganzen Heimweg

höstvind
i hängmatten gungar
ett äpple

autumn wind	Herbstwind
swinging in the hammock	in der Hängematte schaukelt
an apple	ein Apfel

fullmånenatt ...
alt som finns
och inte finns

full moon night ...　　　　　　　　Vollmondnacht ...
all that is　　　　　　　　　　　　alles was ist
and isn't　　　　　　　　　　　　　und nicht ist

snöfall
en tanke här
en där

snowfall　　　　　　　　　　　　　Schneefall
one thought here　　　　　　　　　ein Gedanke hier
one there　　　　　　　　　　　　　einer da

Hans Boij

Klostret tillräckligt
gammalt för att har hört
Gus tala

The monastery　　　　　　　　　　Das Kloster hinreichend
old enough to have heard　　　　　alt um sie zu hören
the voice of God　　　　　　　　　die Stimme Gottes

Gatans fläder
höga som hus
utan hissar

The street's elder bushes　　　　　Die Holunderbüsche an der Straße
as high as houses　　　　　　　　　so hoch wie Häuser
without elevator　　　　　　　　　ohne Aufzug

Iréne Carsson

Stormen har lagt sig
ljusen fortsätter
att fladdra

The storm has calmed
the lights continue
to flutter

Der Sturm hat sich gelegt
die Lichter flackern
weiter

Måste få krama dig
ropar han – böjer sig ner
och kramar min hund

Have to hug you,
he burbs – bends down
to hug my dog

Muss dich knuddeln,
rülpst er – beugt sich nieder
und knuddelt meinen Hund

Jan Dunhall

Har varit bortrest,
ingen har hört koltrasten
på hela veckan

Have been away
no one has heard the blackbird
for a whole week

Bin weggewesen,
niemand hat die Amsel gehört
eine ganze Woche lang

Fåren bräker milt,
mina armar minns känslan
att hålla ett barn

Bleating lambs,
my arms remember
the feel of a child

Blökende Lämmer,
meine Arme erinnern sich
wie sich ein Kind anfühlt

Kaj Falkman

Skidåkaren stannar
för att lämna rum
åt snöns tystnad

The skier stops
to make room
for the silence of the snow

Der Skiläufer hält an
um Platz zu schaffen
für die Stille des Schnees

Läser versraden
genom trollsländans
vingar

I read the poetry line
through the wings
of a dragonfly

Ich lese die Gedichtzeile
durch die Flügel
einer Libelle

På trottoaren går jag
plötsligt i takt
med vaktparaden

On the pavement
suddenly falling into step
with the soldiers' parade

Auf dem Bürgersteig
plötzlich im Schritt
mit der Wachparade

Överkörd av lastbilen
följer min skugga med
som om ingenting hänt

Run over by the lorry
my shadow follows me
as if nothing has happened

Überfahren von einem LKW
folgt mir mein Schatten
als sei nichts passiert

*I dimman
kommer doften
som gömts av solen*

In the mist
a scent appears
hidden by the sun

Im Nebel
taucht ein Duft auf
verborgen vor der Sonne

Lars Granström

*Långsamt klättrande
över fängelsemuren
grön mossa*

Langsam klettert
über die Gefängnismauer
grünes Moos

*Gryning –
mörkret rullas upp
på gardinstängen*

Dawn –
rolling up the dark
on the curtain rod

Morgendämmerung –
die Dunkelheit aufrollen
mit der Gardinenstange

Dag Hammarskjölk

*Solflimrande
når flöjttonen gudarna
i födelsens grotta.*

Flickering in the sun
flute notes make the gods sound
in the cave of birth

In der Sonne flimmernd
rufen Flötentöne die Götter hervor
in der Geburtshöhle

*Detta tillfälliga
möte av möjlghter
kallar sig Jag*

This accidental
meeting of possibilities
calls itself I

Dieses zufällige
Zusammentreffen von Möglichkeiten
nennt sich Ich.

Helga Härle

*vårregn –
paraplyerna
i full blom*

spring shower –
umbrellas
in full bloom

Frühlingsschauer –
Regenschirme
in voller Blüte

*våg efter våg
växlande strandlinje …
samma horisont*

wave after wave
shifting the shore line …
same horizon

Welle auf Welle
die Küstenlinie verschiebend …
derselbe Horizont

*molnen skingras
i varje pöl
en måne*

parting clouds
in every puddle
a moon

Wolken verziehen sich
in jeder Pfütze
ein Mond

drömspillror –
strandade sjöstjärnor
i väntan på flod

fragments of dream
stranded starfish
waiting for the flood

Traumfragmente
gestrandete Seesterne
in Erwartung der Flut

håller sig fräscha –
blommorna inslagna
i gårdagens nyheter

still quite fresh –
flowers wrapped
in yesterday's news

noch ganz frisch –
Blumen eingeschlagen
in die Nachrichten von gestern

Jörgen Johansson

ändrar mig
halvvägs in i
tatueringen

I'm changing
halfway into
the tattoos

ich verändere mich
auf halbem Wege in
die Tattoos

Marcus Larsson

höst i annat land
ett försök att läsa
i tunnelbanan

autumn abroad
the attempt to read
in the subway

Herbst im Ausland
der Versuch zu lesen
in der U-Bahn

vårsol
stegen jag tog till dig
lämmad bakom

spring sun
the steps I have taken for you
left behind

Frühlingssonne
die Schritte, die ich für dich gemacht habe
nun hinter mir

Ola Lindbarg

sommarskur
kanotisten stannar
under bron

summer shower
the canoeist stops
under the bridge

Sommerschauer
der Kanute stoppt
unter der Brücke

det är höst
min hund luktar
hund

it is autumn
my dog smells of
dog

Es ist Herbst
mein Hund riecht nach
Hund

William Lowell Males

kanske gryningen
konturen av en kulle nu
ett annat mörker

maybe dawn
now the outline of a hill
a different darkness

vielleicht die Morgendämmerung
nun der Umriss eines Hügels
eine andre Dunkelheit

omkring mig öppnas
flygsmörgåsar i paket
det låter som regn

opening around me
airline sandwiches
sound like rain

um mich herum das Auspacken
von Flugzeugsandwiches
ein Geräusch wie Regen

Bengt A Olson

En katt hoppade
in i sin egen skugga
återkom aldrig

A cat jumped
into its own shadow
never returned

Eine Katze sprang
in ihren eigenen Schatten
kam nie mehr zurück

Roland Persson

Med augustimånen
som akterlykta
sänker jag min fängsthåv

With the August moon
as my stern light
I drop my loop-net

Mit dem Augustmond
als Hecklicht
werfe ich mein Fangnetz aus

Vårluft
och denna äng av sol
– ah, smörblommor!

Spring in the air
and this meadow of sun
– ah, buttercups!

Frühling in der Luft
und diese Sonnenwiese
– ah, Butterblumen!

Bo Setterlind

Himlen har landat
på ett grässtrå
därför darrar det.

Heaven has landed
on a blade of grass
therefore it trembles.

Der Himmel ist gelandet
auf einem Grashalm
deswegen zittert er.

Vandraren stannar
i tystnad.
Fuji har lämnat Jorden.

The wanderer stops
in silence.
Fuji has left the earth.

Der Wanderer verhält
im Schweigen.
Fudschi hat die Erde verlassen.

Rolf Sundin

Hårda höstvindar
löven kilar rasslande
– skrämda gula möss.

Fresh autumn wind
rustling leaves dash by
– frightened yellow mice

Frischer Herbstwind
raschelndes Laub rauscht vorbei
– erschrockene gelbe Mäuse

Skrivtecken i snön
en vindlande runslinga
– skogsmusens fotspär.

Lettering in the snow
a winding rune line
– field-mouse tracks.

Schriftzeichen im Schnee
eine gewundene Runenlinie
– Feldmausspuren.

Tore Sverredal

mörker över snön
endast vågskummet
gör havet sunligt

darkness over the snowDunkelheit über dem Schnee
only the foam of the wavesnur der Schaum der Wellen
makes the sea visiblemacht die See sichtbar

snöstorm
rimfrosten glimmar
av stearinljus

snowstormSchneesturm
window frost glisteningEisblumen glitzern
in the candle lightim Kerzenschein

Tomas Tranströmer

Hör suset av regn.
Jag viskar en hemlighet
för att nå in dit.

Listening to the sound of rainDen Klang des Regens hörend
I whisper a secretflüstere ich ein Geheimnis
to get lost in it.um darin aufzugehen.

Krafledningarna
spända I köldens rike
norr om all musik.

Power cables stretchingStromkabel dehnen
the kingdom of colddas Reich der Kälte
north of all music.nördlich aller Musik.

Döden lutar sig
över mig, ett schackproblem
Och har lösningen

Death is leaning
over me, a chess problem
And has the solution

Der Tod lehnt sich
über mich, ein Schachproblem
Und hat die Lösung

Närvaro av Gud.
I fågelsångens tunnel
öppnas en låst port.

Presence of God.
In the tunnel of birdsong
a locked gate opens.

Gegenwart Gottes.
im Vogelgesangtunnel
öffnet sich ein verschlossenes Tor.

Pontus Tunander

Litet vattenfall
dess rörelse fortlever
infruset i is

Small waterfall
its movement lives on
frozen within the ice

Kleiner Wasserfall
seine Bewegung lebt weiter
festgefroren im Eis

Lars Vargö

om han bara
kunde flytta på sig –
solnedgången

if only
it could move –
the sunset

könnte er doch nur
sich bewegen –
der Sonnenuntergang

inget att förtulla
ändå anstränger jag mig
att se naturlig ut

nothing to declare
and yet I pretend
to be innocent

nichts zu verzollen
und doch tu ich so
als sei ich unschuldig

kommer snart,
en papperslapp på dörren
till databutiken

back in a moment,
a handwritten note on the door
to the computer store

bin gleich zurück,
eine Handschriftnotiz an der Tür
zum Computerladen

snöstorm
mer snö
än storm

snow storm
more snow
than storm

Schneesturm
mehr Schnee
als Sturm

Florence Vilén

En konstutställning
det finaste landskapet
syns genom fönstren

Art exhibition
the finest landscape
seen through the windows

Kunstausstellung
die schönste Landschaft
gesehen durch die Fenster

Utan att öppna
tar den plötsliga kylan
sig i huset

Without a key
the sudden cold
enters the house

Ohne zu öffnen
dringt die plötzliche Kälte
ins Haus

Museiparken
mellan slanka statyer
solbadarbullet

Museum garden
between slender statues
sunbathers' bellies

Museumsgarten
zwischen schlanken Statuen
Sonnenanbeterbäuche

Från hägg till syren:
plommon, körsbär, päron, slån
studier i vitt

From hedge to lilac:
plum, cherry, pear, sloe
study in white

Von der Hecke zum Flieder:
Pflaume, Kirsche, Birne, Schlehe
Studium in Weiß

Christine Weingart

Ett ögonblick
vilar den på kullens krön,
marsmånen

A moment's rest
on the top of the hill
March moon

Für einen Augenblick
auf dem Kamm des Hügels
der Märzmond

Teresa Wennberg

Tunga moln I skyn:
min trofasta skugga
har övergett mig

Heavy clouds in the sky:　　　　　Schwere Wolken am Himmel:
my faithful shadow　　　　　　　mein getreuer Schatten
has abandoned me　　　　　　　　hat mich im Stich gelassen

När jag går in
under palmträdets skugga
tappar jag min egen

When I enter　　　　　　　　　　Wenn ich in den Schatten
the shadow of the palm tree　　　der Palme trete
I lose my own　　　　　　　　　　verliere ich meinen eigenen

Stig Wetterstrand

Så tung är himlen
att de gamla frukträden
delar på bördan

So heavy the sky　　　　　　　　So schwer der Himmel
that the old fruit trees　　　　　dass die alten Obstbäume
share the burden　　　　　　　　sich die Last teilen

Inte alle ser
en storgallopperad hingst
i flickans gunghäst

Not everyone sees　　　　　　　　Nicht jeder sieht
a galloping stallion　　　　　　einen galoppierenden Hengst
in the girl's rocking horse　　im Schaukelpferd des Mädchens

Paul Wigelius

bombdåd på TV--
vår ettårings hand på den
skadades panna

bombings on TV –
our toddler's hand on the
wounded man's forehead

Bombenabwürfe im TV –
das Händchen unseres Kleinen
auf des Verwundeten Stirn

Alla Helgons dag
ännu en gång talar mamma
om pappa i presens

All Hallows' Eve
mother keeps speaking of dad
in the present tense

Abend vor Allerheiligen
Mama spricht von Papa weiter
in der Gegenwart

Quellen:

– Falkman, Kai: The Ego and the Gods of three Swedish Haiku Pioneers https://www.thehaikufoundation.org/…/2862dc66b9cad7ad04ba3 …

– Haiku – Svenska Haiku Sällskapets tidskrift, 11 / 2006, ISSN 1650-6723.

– Härle, Helga: bollen rullar vidare – the ball keeps rolling – de bal rolt verder, NL

– Den Bosch (het schrijverke) 2010, ISBN 978-94-90607-05-3

– Snödroppar / Snowdrops – Elva svenska haikudiktare /Eleven Swedish Haiku – Poets, Stockholm (Bokverket Lyrik) 2009, ISBN 978-91-86413-00-2.

– Vargö, Lars: vintermåne – winter moon / Collection of haiku, 2011, bookmaro@paran.com, ISBN 978-89-966830-1-8

– Whirligig – Multilingual Haiku Journal (ed. Max Verhart), NL Den Bosch Vol I/1 – May 2010, ISSN 2210-4593, S. 46–56.

Conrad Miesen

Porträt und Würdigung von Waltraud Schallehn

In den 90er Jahren des vorigen Jahrhunderts waren meine Frau Annelie und ich mehrfach der Einladung von Margret Buerschaper, der damaligen ersten Vorsitzenden der DHG, gefolgt, um die eingereichten Beiträge des Welt-Kinder-Haiku-Wettbewerbs zu sichten und zu beurteilen. Dieser Wettbewerb wird von der Japan Airlines Foundation alle zwei Jahre ausgeschrieben mit dem Ziel, weltweit Kinder und Jugendliche für die japanischen Kurzgedichte zu begeistern. Außer den soeben genannten Personen gehörten zur Jury, die sich in Frau Buerschapers Wohnhaus in Lutten jeweils an einem intensiven Arbeitswochenende zusammenfand, auch zwei Mitglieder der Magdeburger Haiku-Gruppe, nämlich mein Freund Reiner Bonack und Waltraud Schallehn, die ich dort erstmals näher kennenlernte und der dieses Porträt gewidmet sein soll. (Auf die Magdeburger Haiku-Gruppe wird im Folgenden noch näher eingegangen, da Waltraud sie über lange Jahre hinweg leitete und vor allem gemeinsam mit den Gruppenmitgliedern sehr gefordert war durch eine immense organisatorische und inhaltliche Arbeit der Vorbereitung, als im Mai 1997 der fünfte Haiku-Kongress der DHG in Schönebeck/Bad Salzelmen stattfand.)

Vorab noch eine Randbemerkung zu den von mir genutzten Quellen für dieses Porträt. Da ich nur über vier Jahre hinweg (im Zeitraum 1994 bis 1998) mit Waltraud in einem gelegentlichen Briefkontakt stand und ihr auch nicht oft begegnet bin, vor allem aber niemals an einem Treffen der Magdeburger Gruppe teilnahm, bat ich Reiner Bonack als ‚Insider', mir eine Reihe von Fragen zu beantworten. Gerne und ausführlich ist er meinem Wunsch nachgekommen, wofür ich ihm an dieser Stelle herzlichen Dank sagen möchte.

Zur Biografie:

Waltraud Schallehn wurde am 1. Juli 1940 in Teistungen (Region Eichsfeld im Nordwesten von Thüringen) geboren. Dort verbrachte sie auch ihre

Kindheit und Schulzeit. Nach ihren eigenen Worten weckte die reizvolle Landschaft des Eichsfelds schon frühzeitig die Liebe zur Natur in ihr. Nach dem Abschluss der Oberschule absolvierte sie ein Lehrerseminar und wurde zur Lehrerin in den Fächern Deutsch und Sport ausgebildet. Nach ihrer Heirat, aus der zwei Söhne hervorgingen, zog sie nach Schönebeck an der Elbe (in der Nähe von Magdeburg) um und wirkte dort als Lehrerin bzw. später als Schuldirektorin der Grundschule Ludwig Schneider. Im Jahr 2001 erfolgte die Pensionierung. Frau Schallehn verstarb am 13. Oktober 2018. Die Beisetzung fand am 1. November 2018 auf dem Westfriedhof in Schönebeck statt.

Wie sie zu den japanischen Kurzformen der Lyrik kam:

Aus einem Zeitungsartikel der „Volksstimme" (vom 20.3.1997) geht hervor, dass Waltraud in der DDR schon früh zum Zirkel schreibender Werktätiger eines Traktorenwerkes gehörte und vorwiegend Geschichten für Kinder verfasste.

Bei einer Fortbildungsveranstaltung für Lehrer referierte sie über Lyrik – und der Funke sprang über. In diesem Zirkel traf sie damals bereits auf Reiner Bonack, der wiederum mit der Magdeburger Malerin Lieselotte Klose näher bekannt war und von ihrer Begeisterung für die japanische Gedichtform Haiku angesteckt wurde. Auch Waltraud Schallehn besuchte Frau Klose regelmäßig und stellte im Zirkel Anfang der 90er Jahre erste eigene Haiku vor.

Besonders liebte sie von den japanischen Vorbildern Haiku der Klassiker Bashō und Issa. Diese Vorliebe für die japanischen Kurzgedichte und später auch Renga-Dichtungen behielt sie ihr Leben lang bei; schrieb und publizierte in Zeitschriften und Kalendern; darunter waren auch einige Haibun-Texte.

Nach der Jahrtausendwende orientierte sie sich verstärkt an deutschen Autoren, die das Haiku in freier Form pflegen und verfasste seit diesem Zeitpunkt vorwiegend Freestyle-Haiku.

Von Margret Buerschaper wurde Waltraud Schallehn als Renga-Meisterin ausgebildet und hat mehrere Kasen im Umkreis von Schönebeck bzw. auch einen in der Magdeburger Haiku-Gruppe eigenständig realisiert und geleitet.

Der Verfasser des Artikels in der „Volksstimme" befragte sie u. a. zu ihren Motiven, sich mit der Haiku-Dichtung zu befassen, und erhielt die folgende pragmatische Antwort: „Ich bin viel unterwegs in der freien Natur. Was mich bewegt, lässt mich dann oft einfach nicht los, bis ich darüber ein Haiku geschrieben habe."

Kulturelle Aktivitäten in Schönebeck / Bad Salzelmen:

Neben dem bereits erwähnten „Zirkel schreibender Werktätiger", in dem Waltraud Schallehn bis 1990 Mitglied war, hat sie sich in Schönebeck selbst und der umliegenden Region dauerhaft engagiert. Sie war aktiv tätiges Mitglied in mehreren regionalen Kultur- und Kunstvereinen, traf sich regelmäßig mit anderen Schreibenden aus der Stadt und Umgebung im Soziokulturellen Zentrum „Treff", organisierte literarische Veranstaltungen mit ihnen und vieles mehr. Sehr verdienstvoll war ihre Arbeit mit Kindern. Während ihrer Zeit als Lehrerin/Schulleiterin wie auch im Ruhestand führte Waltraud diverse Projektstunden von Grundschulklassen zum Thema Haiku durch, begeisterte durch ihre fröhliche und überhaupt nicht oberlehrerhafte Art, regte viele Schülerinnen und Schüler zu erstaunlichen Dreizeilern an, weckte so in manchen eine fortdauernde Liebe zum Haiku, sodass sie sich immer wieder selbstständig in dieser Form ausprobierten.

Manche liefen ihr sogar auf dem Schulhof oder am Nachmittag in der Stadt nach und riefen: „Frau Schallehn, gucken Sie mal, was ich gestern Abend geschrieben habe."

Waltraud Schallehns besonderes Engagement in der DHG:

1) Wie schon einleitend erwähnt, arbeitete sie gern und voller Enthusiasmus in der Jury der DHG mit, wenn es um die Wertung der Dreizeiler im Rahmen des Welt-Kinder-Haiku-Wettbewerbs der Japan Airlines Foundation ging.

2) Am 8. und 9. Juli 1993 fand in Gegenwart der damaligen Vorsitzenden

der DHG, Margret Buerschaper, die Gründung der Haiku-Gruppe Magdeburg/Schönebeck statt. Margret und Waltraud hatten dies angeregt und intensiv vorbereitet. Die Leitung dieser Gruppe übernahm Waltraud Schallehn und wurde dabei schwerpunktmäßig von Reiner Bonack unterstützt.

Bei der Gründungsversammlung begann zugleich die Arbeit am Magdeburger Sommer-Kasen „Im Duft der Gärten", der 1994 im Halben Bogen-Verlag Göttingen publiziert wurde. Im Durchschnitt nahmen 12 Mitglieder viele Jahre an den Arbeitstreffen teil. Laut Waltrauds eigenen Worten herrschte in der Gruppe stets eine harmonische Atmosphäre, und „wir hatten viel Spaß miteinander". Von 1990 bis 2002 gab die Magdeburger Haiku-Gruppe auf Vorschlag von Waltraud Schallehn und Wolfgang Doberitz im Papenberg Verlag regelmäßig eine Jahreslese mit Texten nach japanischem Vorbild heraus, die großen Anklang fand.

3) Von 2003 bis 2005 war Waltraud Schallehn zweite Vorsitzende der DHG. Darüber hinaus gehörte sie als Leiterin der regionalen Haiku-Gruppe auch zum erweiterten Vorstand der Haiku-Gesellschaft.

4) Ein weiteres schönes Ergebnis von Waltrauds Engagement für die Gruppe und die Verbreitung des deutschsprachigen Haiku zeigt sich darin, dass diese Regionalgruppe einen Förderpreis der DHG im Jahr 1998 verliehen bekam. (verbunden mit der Publikation des Halben Bogens „Offen mein Fenster").

Zu Waltraud Schallehns Publikationen:

Bei den von Professor Carl Heinz Kurz betreuten Anthologien, die im Graphikum Verlag erschienen, in den Bio-/Bibliografien der DHG sowie in deren Vierteljahresschrift und den *„Jahreslesen"* der Magdeburger Haiku-Gruppe war Frau Schallehn zwar jeweils mit poetischen Beiträgen vertreten, hat aber darüber hinaus niemals ein eigenes Buch mit Kurzgedichten nach japanischem Vorbild herausgebracht.

Reiner Bonack, den ich auch zu diesem Thema befragte, gab mir die emphatische Antwort: „Ich werde es immer bereuen, es trotz mehrfacher Versuche nicht geschafft zu haben, Waltraud zur Veröffentlichung ihrer

Haiku in Buchform überredet zu haben. Dies wäre im Verlag BoD preisgünstig möglich gewesen, und mir fiel auch jetzt bei der Durchsicht ihrer Publikationen wieder auf, wie viele wunderbare Haiku sie geschrieben hat. Covergestaltung, Layout und Satz hätte ich liebend gern (kostenlos) für sie übernommen."

Über die eigentlichen Gründe kann nur spekuliert werden. Vermutlich lag es an ihrer Art, sich zurückzunehmen, und einer besonders selbstkritischen Haltung, die auch aus einem Brief hervorgeht, den sie mir am 24. Mai 1994 schrieb.

Darin heißt es: „Ich lese gerne Verse, kann auch schnell urteilen, aber nie bei meinen eigenen Versen. Ich bin so befangen. Meistens finde ich nach einigen Tagen alle meine Texte so misslungen."

In dem Kontext der Publikationen sollte die Zeitschrift „Treidler" noch erwähnt werden. Vom Dezember 2003 bis zum Ende des Jahres 2007 gab die Künstlergemeinschaft Elbe-Saale-Aue, im Wesentlichen waren das die Mitglieder der Haiku-Regionalgruppe, vierteljährlich die Zeitschrift „Treidler" heraus. Sie erschien im Papenberg Verlag Haldensleben. Verleger war ein Mitglied dieser Gruppe, Wolfgang Doberitz, ebenfalls Haiku-Dichter und Verfasser anderer literarischer Texte. Die Gründungsidee für diese Zeitschrift war, außer den Texten nach japanischem Vorbild auch jene einer interessierten Öffentlichkeit zugänglich zu machen, die in anderen Formen von den Mitgliedern und von anderen Autoren der Region geschaffen wurden. Waltraud engagierte sich sehr stark in der Redaktion, regte vielfach zu neuen Texten und Themen an und nutzte vor allem ihre Freundschaften zu Malern und Bildenden Künstlern der Region, um kostenlos Zeichnungen und andere Illustrationen für die im DINA4-Format erscheinende Zeitschrift zu erhalten.

Reiner Bonacks Gesamteinschätzung und Würdigung von Waltraud:

„Besonders kennzeichnend für Waltraud war meines Erachtens:
– ihre bedingungslose Fähigkeit zur Freundschaft und dabei auch Schwächen der Freundin, des Freundes tolerieren zu können.

– ihre absolute Neidlosigkeit, ihre große Freude in Bezug auf Erfolge anderer Mitglieder der Haiku-Gruppe.

– ihr sehr waches soziales Gewissen.

– eine unübertroffene Gastfreundschaft, wodurch man sich sofort heimisch, willkommen und geachtet fühlte.

– ihre Liebe zur Landschaft der Elbaue bei Schönebeck, Inspirationsort für viele ihrer Haiku, für ihre Haibun und längeren Gedichte.

– nicht zuletzt ihre Liebe zu Kindern, die sie als Persönlichkeiten ernst nahm, denen sie zuhören konnte, ohne belehrende Antworten zu geben, was zur Folge hatte, dass sich Schülerinnen und Schüler bei Problemen in der Schule oder auch zu Hause zuerst an sie wandten.

– Waltraud zweifelte meist schon, bevor sie eigene Texte in der Gruppe vorlas, an deren Wert. Anderen jedoch, die in Selbstzweifel verfielen, konnte sie durch Lob und eine Prise behutsamer Kritik ungeheuer Mut machen."

Auswahl von Haiku (die dem Halben Bogen „Offen mein Fenster", der Broschüre „Zwischen den Ufern", den Bio-/Bibliografien der DHG der Jahre 1994 und 2005 sowie den „Treidler"-Heften entnommen wurden):

Offen mein Fenster –
über den polierten Tisch
fliegt ein Vogelschwarm.

Mit Klebestreifen
die Tür verdichtet – Nun fehlt es,
mein Windkonzert.

Jahrmarkt der Natur:
die Pappel auf dem Schulhof
streut Zuckerwatte.

*Anmutig schweben
goldene Blätter vom Baum.
Kann Tod so leicht sein?*

*Braunes Blatt im Gras
steigt auf im Märzenwind und
wird zum Schmetterling …*

*Abschied vom Sommer –
Ich sitze am Badesee
und werfe Steine*

*Kinderaugen
hinter der Fensterscheibe
Vater torkelt heim*

*Und wieder ein Zug –
weiß blüht die Margerite
zwischen den Schienen*

*Frühlingslichter
Die Krankenschwester rollt
das Bett ans Fenster*

*Stumm nun die Frösche
Der Sommerhimmel ertrinkt
im kleinen Weiher*

wie gemalt der Mond

zwischen den Tannen -
so viele Lieder

Bild: Petra Ehrnsperger und Haiku: Rita Rosen

Klaus-Dieter Wirth

Der Integrierungsprozess des Haiku aus dem Blickwinkel der deutschsprachigen Übersetzungsgeschichte[1]

Das Haiku trat logischerweise erst mit der letztlich durch amerikanische Handelsinteressen militärisch erzwungenen Öffnung Japans für die westliche Welt ins Bewusstsein, nachdem sich das Land mehr als 250 Jahre komplett von der Außenwelt abgeschottet hatte (*sakoku*). Der kurzen Übergangszeit von 1853 bis 1867 mit dem Ende des Tokugawa-Shōgunats (*bakumatsu*), in der sich der traditionsgebundene Kriegeradel letztlich der militärischen Übermacht des jungen Tennō Mutsuhito beugen musste, folgte die sogenannte Meiji-Restauration (1868–1912), die Japan quasi unmittelbar aus dem feudalen Mittelalter in die Moderne nach westlichem Vorbild katapultierte, indem es zu grundlegenden gesellschaftlichen Umwälzungen in der Verwaltung, Justiz und im Militärwesen kam. Infolgedessen konnte sich eine akademische Japanologie als eigenständige wissenschaftliche Disziplin erst gegen Ende des 19. Jahrhunderts herausbilden.

Als gewisse Vorreiter sollten jedoch Engelbert Kaempfer (1651–1716), ein deutscher Arzt und Forschungsreisender im asiatischen Raum, mehr noch Philipp Franz von Siebold (1796–1866) nicht unerwähnt bleiben, letzterer ebenfalls Arzt, aber auch Naturforscher, Ethnologe und einer der wichtigsten Zeugen des isolierten Japans der späten Edo-Zeit. Als Mittler zwischen japanischem und europäischem Kulturverständnis gilt er sogar allgemein als Begründer der internationalen Japanforschung. Beiden, Kaempfer und Siebold, wurde der Aufenthalt in Japan allerdings nur dadurch ermöglicht, dass sie in Diensten der niederländischen Ostindien-Kompanie tätig waren. Diese hatte sich nämlich als einzige Verbindung

---

[1] Erstveröffentlichung in der Jahresschrift *Lotosblüte* 2023 der Österreichischen Haiku-Gesellschaft (ÖHG). S. 62–70

zur Außenwelt in Dejima, einer kleinen, fächerförmigen, künstlichen Insel in der Bucht von Nagasaki, eine Handelsniederlassung in der Edo-Zeit (1603–1868) einrichten dürfen. Aus Dejima sind im Übrigen die ersten beiden bekannt gewordenen Haiku eines westlichen Autors, nämlich des Holländers Hendrik Doeff (1777–1835), überliefert, und zwar auf Japanisch. Sie wurden erst viel später von Frits Vos ins Niederländische und dann von Max Verhart ins Englische übersetzt und lauten:

haru kaze ya   amaloma hashiru   hokake bune

a spring breeze   Brise im Frühling
hither and thither they hurry   hin und her eilen sie
the sailing dinghies   die Segeldinghis

inazuma no   kaina wo karan   kusa makura

lend me your arms   leih mir deine Arme
fast as thunderbolts   schnell wie ein Blitzschlag
for a pillow on my journey   als Kopfkissen auf meiner Reise

Dieses Haiku bezieht sich mutmaßlich auf eine junge Dame, die Hendrik Doeff beim schnellen Schneiden von Tofu in einem Gasthaus beobachtete, als er auf der Reise zum Shogun war.

Ein weiterer Vorläufer bereits im Sinne einer eigentlich japanologischen Ausrichtung für das deutsche Sprachgebiet war Philipp August Pfizmaier (1808–1887), ein wahres Sprachgenie. 1838 ging er nach Wien und lernte dort skandinavische Sprachen, Niederländisch, Persisch, Ägyptisch, Japanisch und Mandschurisch, wo er bereits 1843 Universitätsdozent der chinesischen, türkischen, arabischen und persischen Sprache und Literatur wurde. 1847 übersetzte er als erster einen japanischen Roman in eine westliche Sprache: „Sechs Wandschirme in Gestalten der vergänglichen Welt" von Ryûtei Tanehiko (1783–1842). Zunächst immer noch in die Orientalistik eingebunden, erreichte die spezielle Beschäftigung mit der japanischen Kultur nur sehr langsam ihre Eigenständigkeit, wurde doch erst 1914 der erste Lehrstuhl für Japanologie als wissenschaftliche Disziplin am Kolonialinstitut der späteren Universität Hamburg eingerichtet. Sein Inhaber hieß Karl Florenz (1865–1939), der sich insbesondere durch seine langjährige Tätigkeit schon seit 1888 als Lektor für Deutsche Sprache und Literatur an der Kaiserlichen Universität Tokio – und das sogar bisweilen zusammen mit seinen großen, englischen Kollegen William George Aston und Basil Hall Chamberlain – einen Namen gemacht hatte. Dabei galt sein Interesse der gesamten Sprach-, Literatur- und Kulturgeschichte des Landes! Ein Grundlagenwerk von allgemeinem Interesse ist nach wie vor seine „Geschichte der japanischen Litteratur" (1903–1906).

Es waren vor allem seine außerordentlichen, profunden Sprachkenntnisse, die Karl Florenz dazu befähigten, Übersetzungen aus allen Entwicklungsstadien und Sprachbereichen seines Gastlandes zu liefern. Kein Wunder also, dass ihm auch das Haiku nicht verborgen blieb. Da er sich aus philologischer Verantwortung stets um die größtmögliche Treue bei der Wiedergabe der Texte bemühte, hatte für ihn gerade die inhaltlich erschöpfende Aussage als solche Vorrang. Seine hervorragende Interpretationskunst, seine Vorliebe für die japanische Poesie und seine Freude am Nachdichten kamen insbesondere in den drei Bänden „Dichtergrüße aus dem Osten" (1894), „Japanische Dichtungen" (1895) und „Bunte Blätter japanischer Poesie" (1896) zum Ausdruck. Mag uns heute die Art dieser Übertragungen auch gekünstelt vorkommen, zumal er das Haiku zumeist als gereimten Vierzeiler vorstellte, so bleibt zu berücksichtigen, dass sie erwartungsgemäß eben dem damaligen Zeitgeschmack entsprach, dabei jedoch trotzdem immer den Sinn des Originals traf.

Aufschlussreich in diesem Zusammenhang und nun besonders mit Blick auf unser Thema ist etwa folgendes frühes Haiku-Beispiel, nämlich das von Arakida Moritake (1473–1549):

rakka eda ni   kaeru to mireba   kochō kana

Hier zunächst zur Orientierung eine deutsche Version von Rudolf Thiem:

> Gefallene Blätter
> kehren zum Baum zurück?
> Schmetterlinge sind's!

Und dazu nun zum Vergleich die literarische Übersetzung von Karl Florenz:

> Wie? Schwebt die Blüte, die eben fiel,
> Schon wieder zum Zweig am Baum zurück?
> Das wäre fürwahr ein seltsam Ding!
> Ich näherte mich und schärfte den Blick –
> Da fand ich – es war nur ein Schmetterling.

Bezeichnend ist, dass diese Übertragung schon bald zu einem längeren Disput führte, den der Autor sodann mit seinem germanistisch geschulten Kollegen Ueda Kazutoshi 1895 in der Zeitschrift Teikuku-bungaku austrug, in dessen Folge Karl Florenz endgültig von dieser überzogenen Übersetzungsmanier Abstand nahm. Und so erschien dasselbe Gedicht dann in seiner großen Literaturgeschichte von 1906 in folgender, gekürzter Form:

> Die abgefallene Blüte, dacht' ich,
> kehrt wieder zurück zum Zweige –
> Doch war's ein Schmetterling![2]

Allerdings bleibt ersichtlich, dass der Nachahmung der japanischen

---

[2] Die Ausführungen zu Karl Florenz entstammen folgender Quelle:
NOAG_137(1985)29–39_(Lewin_–_Stellung_des_Japan schen_im_Werk_ von_Karl_Florenz).pdf

Grundstruktur des Haiku, seiner Aufteilung in 5-7-5 Moren bzw. Silben, noch kein Augenmerk geschenkt wurde. Ganz im Gegenteil, Karl Florenz hatte seine zuvor schon in den „Dichtergrüße(n) aus dem Osten" (s. o.) veröffentlichten Haiku sogar als gereimte Vierzeiler übertragen[3]! Zwar machten sich in seiner Nachfolge weitere Akademiker bzw. Privatgelehrte um die Vermittlung der japanischen Literatur und Kunst verdient, doch eigentliche „Haiku-Dolmetscher" waren weder Hans Bethge[4] noch Paul Enderling[5]. Ihr Interesse lag vielmehr im Bereich der Lyrik auf der altjapanischen Literatur, wobei es bei der Grundeinstellung blieb, dass eine möglichst getreue Wiedergabe des Inhalts gegenüber der Form als vorrangig anzusehen sei. Entsprechend heißt es bei Hans Bethge wörtlich:

> „Was die Nachdichtungen des vorliegenden Bandes angeht, so habe ich, obwohl ein Freund konzentrierten Ausdrucks, erst in zweiter Linie auf Knappheit der Form gehalten und vor allem mich der Klarheit und Durchsichtigkeit befleißigt. Hätte ich überall die Knappheit der Originale beibehalten wollen, so wäre ich oft gezwungen gewesen, den Gedichten erklärende Fußnoten beizugeben, und auf diese Weise wäre die Lektüre recht umständlich und überhaupt eine andere geworden, als ich mir für diese Verse wünschte. Mir lag daran, Gedichte zu bilden, die durch sich selbst einen poetischen Reiz ausüben sollten."

Auf die Wiedergabe des Haiku in dreizeiliger Form wurde im Übrigen zum ersten Mal, jedoch noch lange mit wenig Erfolg, von Wilhelm Gundert (1880–1971), dem Nachfolger von Karl Florenz auf dem Hamburger Lehrstuhl und später leider überzeugten Verfechter des Nationalsozialismus[6], aufmerksam gemacht. Als ähnlich „verirrt" erwies sich zeitweise Hans Ueberschaar (1885–1965), bis er, zu Unrecht vom NS-Regime wegen

---

[3] Sommerkamp, Sabine: Die deutschsprachige Haiku-Dichtung. Von den Anfängen bis zur Gegenwart, 1992, in: https://haiku.de/ueber-haiku/
[4] Bethge, Hans: Japanischer Frühling – Nachdichtungen japanischer Lyrik, Leipzig (Insel) 1911
[5] Übersetzer japanischer Gedichte und Novellen
[6] https://de.wikipedia.org/wiki/Wilhelm_Gundert

angeblicher Homosexualität bezichtigt und verfolgt, wieder aus der NSDAP austrat und nach Japan zurückkehrte, wo er bereits von 1925 bis 1932 an der Kaiserlichen Universität Kioto gelehrt hatte. Dennoch ist in unserem Zusammenhang seine Übersetzung des berühmten Reisetagebuchs von Matsuo Bashō „Auf schmalen Pfaden ins Hinterland"[7] hervorzuheben, welche ein weiteres Mal belegt, dass es immer noch nicht zu einer endgültigen Verfestigung der Haiku-Form gekommen war, denn obwohl Hans Ueberschaar seinen Versionen die 5-7-5-morigen japanischen Originale voranstellt, kommt er etwa zu folgenden, unterschiedlichen Textgestaltungen bekannter Beispiele:

O alter Teich!
Ein Fröschlein sprang ins Wasser,
hör!

O, Sommergras!
So vieler Krieger
traumkurzen Lebens
letzte Spur!

Der nächste, bedeutendere Schritt führt hin zu der österreichischen Sinologin Anna von Rottauscher (1892–1970). Zwar geht es auch bei ihr nach wie vor in erster Linie um die rechte Übertragung des Inhalts, um die Bedeutungen der intendierten Aussage im Einzelnen, doch hatte sie jetzt allein das Haiku im Blick, weshalb „Ihr gelben Chrysanthemen" – Nachdichtungen japanischer Haiku (Wien 1939) wohl mit Recht zu den Pionierwerken zu zählen ist. Von den rund 220 Haiku-Beispielen stammt etwa ein Viertel von Matsuo Bashō; dazu sind auch Yosa Buson, Kobayashi Issa, Masaoka Shiki und Takarai Kikaku stark vertreten. Zwar ist bei von Rottauschers Version im Falle des oben angeführten Gedichts von Arakida Moritake vergleichsweise eine weitere Verkürzung mit Blick auf die überlieferte Zeilenschablone festzustellen, doch variiert die Formgebung ansonsten sogar noch von neun bis zu 29 Silben! Außerdem fügt

---

[7]Ueberschaar, Hans: Basho (1644–1694) und sein Tagebuch „Oku no hosomichi", MOAG Band XXIX, Teil A, Tokyo 1935

die Autorin jeweils noch Überschriften hinzu:

BLATT UND SCHMETTERLING

Flog da ein welkes Blatt
zurück zu seinem Zweige?
Ach nein! Es war ein Schmetterling!

EFEU IM HERBST

Der Efeu
rauscht
im herbstlichen Wind.

AUF DEM TEEFELDE

Zum Liede der Teeblätter pflückenden Mutter
schlägt das huckepack reitende Kindchen
mit einer Blume den Takt.

Bezeichnenderweise heißt es dazu im Nachwort der Übersetzerin:

„Da das Wesen der Haiku darin besteht, daß Stimmungen bildartig angezeigt, jedoch nicht ausführlich beschrieben werden, kommt es häufig vor, daß in diesen Gedichten einzelne Worte fehlen, oder daß manchmal sogar ganze Satzteile einfach weggelassen werden. Dies macht natürlich eine vielseitige Deutung und Übersetzung möglich. Die vorliegenden Übertragungen sind als möglichst nahe Wiedergaben der Gefühlseindrücke der Dichter gedacht."[8]

Bedingt durch die politisch so belasteten Zeitumstände vor dem 2. Weltkrieg trat die deutschsprachige Japanologie erst danach wieder allmählich in Erscheinung, wobei zunächst Horst Hammitzsch, dann mehr noch der

---

[8] s. o., S. 89

gebürtige Ungar Géza S. Dombrady zu nennen sind. In puncto Haiku hatten inzwischen schon vor allem die ausländischen Pioniere Asatarō Miyamori[9] und Reginald Horace Blith[10] einen prägenden Einfluss ausgeübt, der auch die durchgehend dreizeilige Wiedergabe im Grundschema mit 5-7-5 Silben zum Standard werden ließ. Ein früher, hiesiger Beleg aus dieser Nachkriegszeit ist Géza S. Dombrádys Übertragung von Issas „*Ora ga haru*" (Mein Frühling)[11]:

Ware to kite   Komm doch her zu mir!
asobe ya oya no   Laß uns zusammen spielen,
nai suzume   verwaistes Spätzlein!

Der Zufall wollte es, dass bereits drei Jahre später, nämlich 1963, gleich zwei umfangreiche Übersetzungsblütenlesen japanischer Haiku[12] auf den deutschen Markt kamen, die – zumal herausgegeben von namhaften Verlagen – fortan einen „wesentlichen Anteil an der Haiku-Rezeption im deutschen Sprachraum"[13] haben sollten, insbesondere weil sie gemeinsam eine offenkundige Bedarfslücke schlossen. Allerdings stellte sich unter Fachkundigen leider bald heraus, dass diese Anthologien gerade als definitive Wegweiser ziemlich problematisch waren. Zunächst kamen grundsätzlich Zweifel an einer sprachlich hinreichenden Kompetenz beider Autoren auf. Sodann war kaum anzunehmen, dass sie sich letztlich wirklich ganz an den

---

[9]Miyamori, Asatarō: An Anthology of Haiku: Ancient and Modern, Tōkyō (Maruzen) 1964 ([1]1932)
[10]Blith, Reginald Horace: Haiku (4 Bände), Tōkyō (Hokuseidō) 1982 ([1]1948–1952)
[11]Dombrady, G. S.: Ora ga haru, Tōkyō (Otto Harrassowitz) 1959 / NB Er gab 2014 auch Bashōs „Auf schmalen Pfaden durchs Hinterland" heraus!
[12]Ulenbrook, Jan: Haiku. Japanische Dreizeiler, Bremen (Schünemann) 1963, ab 1995 und 1998 in 2 Bänden Stuttgart (Reclam)
Coudenhove, Gerolf: Japanische Jahreszeiten. Tanka und Haiku aus 13 Jahrhunderten, Zürich (Manesse) [7]1994
[13]May, Ekkehard: Shōmon I – Das Tor der Klause zur Bananenstaude, Mainz (Dieterich'sche Verlagsbuchhandlung) 2000, S. 12

Originalen orientiert hatten. Natürlich ist es in diesem Zusammenhang legitim, gegebenenfalls bereits vorhandene Übersetzungsvorlagen zum Vergleich heranzuziehen oder auch eklektisch miteinander zu kombinieren. Darüber hinaus ist aber gerade bezüglich der japanischen Literatur nicht nur ein direkter Gedankenaustausch mit muttersprachlichen Kollegen unabdingbar, sondern auch das Heranziehen von schon zu einzelnen Fällen veröffentlichten Kommentaren. Im Einzelnen brachte in beiden Publikationen formal das allzu strikte Bemühen um eine Berücksichtigung der traditionellen 5-7-5-Silben-Schablone oft unangemessene „Aufpolsterungen", Zeilensprünge wie auch grammatische Verrenkungen hervor. Inhaltlich-stilistisch war ein Anknüpfen an die einheimische naturlyrisch-spirituelle Tradition nicht wegzuleugnen. Am fatalsten wirken sich indes textinterpretatorische Fehlgriffe aus, wie sie etwa im folgenden Beispiel zutage treten, einem Haiku von Mukai Kyorai, dem treuesten und gewissenhaftesten Schüler des Meisters Matsuo Bashō. Die richtige Version in einer Übersetzung von Ekkehard May[14] lautet:

Nagasaki ni tabine no koro   In Nagasaki auf der Reise nächtigend

furusato mo   Im Heimatort selbst
ima wa karine ya   bin ich jetzt nur flücht'ger Gast –
wataridori   ein Zugvogel.

Und das sind die Angebote von Gerolf Coudenhove bzw. Jan Ulenbrook:

Meiner Kindheit Heim
ist mir jetzt bloß Nachtquartier –
Wandervögel ziehn.

---

[14] May, Ekkehard: Übersetzen als Interpretation – Am Beispiel einiger *haiku* von drei Meisterschülern Bashōs in: Japonica_Humboldtiana_4_(2000)5-20_Ekkehard_May_–_Übersetzen als Interpretation). PdGerolf Coudenhovef, S. 14 f.

Beide Anthologien, „um die kein Gedichtfreund herumkommt"[15], bestimmten also bedauerlicherweise mit ihren vielen Auflagen jahrelang das Erscheinungsbild des japanischen Haiku im deutschen Sprachraum. Um einen gewissen korrektiven Einfluss machte sich dann erst Dietrich Krusche verdient, von 1982–1997 Professor für Interkulturelle literarische Hermeneutik an der Universität München, wobei er sich jedoch vorrangig allgemein mit der Frage der Verständigung über kulturelle Grenzen hinweg beschäftigte. Dennoch fanden seine neuen Übersetzungen japanischer Haiku einen großen Anklang, obwohl er zwar auf deren Dreiteiligkeit, weniger aber auf ihre herkömmliche Silbenstruktur achtete und sich ausdrücklich einen gewissen „Spielraum für Subjektivität" zugestand.[16] Moritakes Haiku lautet bei ihm:

Ein Blütenblatt,
das zurückkehrt an seinen Zweig? –
Ein Schmetterling!

Als nächster, echter Japanologe meldete sich dann Robert F. Wittkamp mit Beiträgen zur Übersetzungstechnik insbesondere beim Haiku zu Wort. Er lebte seit 1994 in Tokio und lehrte seit 2003 Literatur- und Kulturwissenschaften an der Kansai-Universität in Osaka.[17]

---

[15] https://www.schreibfeder.de/gerolf-coudenhove-japanische-jahreszeiten (26.04.2023)
[16] Krusche, Dietrich: Haiku. Japanische Gedichte, 1970 ff. (1994 Neuauflage bei dtv in München, [12]2009)
[17] Wittkamp, Robert F. : Sommergräser und Heideträume: Zur Übersetzungstechnik beim Haiku. In: Nachrichten der Gesellschaft für Natur- und Völkerkunde, 1997, S. 11–134
Wittkamp, Robert F.: Das japanische Haiku in deutscher Übersetzung, aus: Neue Beiträge zur Germanistik, Bd. 2, Heft 1, 2003, S. 195-205
Wittkamp, Robert F.: Kiefernwind und grüne Berge: Der Wandermönch Santōka und das freie Haiku, Ahrensburg 2011, ISBN: 978-3-932185-12-0
Wittkamp, Robert F.: Landschaft und Erinnerung: Zu Bashōs Oku no Hosumichi. Mit Holzschnitten aus dem Bashō-ō Ekotoba-den, Gossenberg (Ostasienverlag) 2012, ISBN: 978-3-940527-48-6

Zur endgültigen, segensreichen Selbstfindung des Haiku in der deutschen Japanologie trugen schließlich vor allem Ekkehard May mit seinen zahlreichen, fundierten Übersetzungen, Kommentierungen und Interpretationen klassischer Beispiele bei[18], sodann das Übersetzerteam Oskar Benl, Géza S. Dombrady und Roland Schneider mit ihrer Anthologie von 81 japanischen Autoren aus dem 20. Jahrhundert[19] sowie schließlich Eduard Klopfenstein in Zusammenarbeit mit Masami Ono-Feller mit ihrer großen Anthologie „Haiku – Gedichte aus fünf Jahrhunderten"[20].

---

[18]May, Ekkehard: Bashō: Sarumino - Das Affenmäntelchen, Mainz (Dieterich'sche Verlagsbuchhandlung) 1994, ISBN: 3-87162-034-3
May, Ekkehard: Shōmon I. Das Tor der Klause zur Bananenstaude. Haiku von Bashōs Meisterschülern Kikaku, Kyorai, Ransetsu, Mainz (Dieterich'sche Verlagsbuchhandlung) 2000, ISBN: 3-87162-050-5ō
May, Ekkehard: Shōmon II. Haiku von Bashōs Meisterschülern Jōsō, Izen, Bonchō, Kyoriku, Sampû, Shikō, Yaba, Mainz (Dieterich'sche Verlagsbuchhandlung) 2002, ISBN: 3-87162-057-2
May, Ekkehard: Chūkō. Die neue Blüte (Shōmon III), Mainz (Dieterich'sche Verlagsbuchhandlung) 2006, ISBN: 3-87162-063-8
[19]Schneider, Elisabeth / Quenzer, Jörg B. (Hrsg.) : „Mit den Sternen nächtlich im Gespräch ...": Moderne japanische Haiku, Gossenberg (OSTASIEN Verlag) 2011, ISBN: 978-3-940527-29-5
[20]Klopfenstein, Eduard und Ono-Feller, Masami: Haiku – Gedichte aus fünf Jahrhunderten. Japanisch/Deutsch, Stuttgart (Reclam) 2017, ISBN: 978-3-15-011116-1

Klaus Stute

Das berühmte Frosch-Haiku – eine Nachlese

furuike ya – kawazu tobikomu – mizu no oto
[Bashō]

> In den alten Teich
> springt gerade ein Frosch wie uns
> das Wasser verrät
>
>> Übersetzung: Klaus Stute

Dieser neuen Übersetzung von Bashōs berühmtem Frosch-Haiku liegt die Frage zugrunde, ob der Autor vielleicht gar nichts gesehen, sondern nur etwas gehört hat. Vorausgesetzt, er war vor Ort.

Nun sieht die Übersetzung auf den ersten Blick wie eine persönliche Deutung bzw. Sichtweise aus; sie ist aber lediglich eine neue Übertragung aus der (für uns) allzu knappen japanischen Grammatik. Unterstellt wird in beiden Fällen eine scharfe Beobachtung – und zwar eine gehörte. Die Experten sind sich schon lange einig, dass im Mittelpunkt dieses Haiku nicht Teich oder Frosch stehen, sondern das Geräusch. Und wie die Übersetzung zeigt: Im Deutschen nennen wir so ein Geräusch „verräterisch".

Diesen Umstand – dass man von dem Frosch möglicherweise nichts gesehen hat – verschweigt das japanische Original. Das Geräusch – und sicherlich auch das Wissen um das Leben im Teich – verrät aber ganz klar einen Frosch. Die anfängliche Erwähnung des Teiches suggeriert, dass man danebensteht und auf den Teich schaut. Dass man auch in der Nähe des Teiches stehen kann oder gerade sonst wohin geschaut hat, wird zunächst nicht erwogen.

Das Grundprinzip von Haiku, dem Leser etwas „vor Augen zu führen", kommt hier also schon innerhalb des Haiku zur Anwendung: der Autor führt sich selbst etwas vor Augen. Dabei steht der akustische Eindruck folgendermaßen im Mittelpunkt:

Auf den ersten Blick scheint es so, als ob der akustische Eindruck den optischen überlagern will. An dieser Stelle kann aber der Leser ins Spiel kommen und vermuten, dass die dem Haiku zugrunde liegende Gegebenheit auch andersherum gewesen sein könnte: Der akustische Eindruck erzeugt den optischen – und damit das fertige Bild. Das markante Geräusch verrät nicht nur den Frosch, sondern auch, dass der Sprung schon erfolgt ist. Im Deutschen haben wir dafür eigentlich die Vergangenheitsform: ein Frosch *sprang* soeben in den Teich.

Aber eine sequenzielle Abfolge wollte Bashō im Hinblick auf Zen natürlich nicht. Alles ist Eins – wie wir vereinfachend sagen: Teich und darin verschwundener Frosch sind Eins; Sprung und Geräusch sind Eins; Hören und Sehen sind Eins – und wahrscheinlich auch Vergangenheit und Gegenwart. Bild und Geräusch sind für uns jetzt immer gegenwärtig.

Dazu noch mal etwas differenzierter der buddhistische Hintergrund: Aus der Leere (*mu*), die ja bekanntlich nicht Nichts ist – also voller Möglichkeiten, kommt ein kurzes, vergängliches Geräusch, das im selben Atemzug ein Bild (den Frosch) hervorbringt, der aber auch vergänglich ist und sogar schon wieder verschwunden ist, um am Ende Schönheit (die beschriebene Szene) und damit Wahrheit hervorzubringen. Die bleibt dann für immer.

In der obigen deutschen Übersetzung ist die (beim ersten Lesen des Originals, sowie älterer Übersetzungen) scheinbare Reihenfolge Teich > Frosch > Geräusch nun fokussiert auf die unmittelbare Gleichzeitigkeit der Sinneseindrücke – auch wenn das Geräusch in der Rolle des Auslösers bleibt. Ob damit das „Geheimnis" des Haiku gelüftet ist, bleibt allerdings zu bezweifeln: Die Zen-Zusammenhänge, die man noch weiter vertiefen könnte – bleiben unseren westlichen Denkweisen ja eher verschlossen. Die in der obigen Übersetzung anklingende Redewendung „verräterisches Geräusch" kann dem Haiku aber nichts von seinem Zauber nehmen, es so gesehen eine Synthese aus erlebter und insbesondere verstandener Natur ist. Darüber hinaus betont es die Wichtigkeit der genauen Naturbeobachtung und hat damit für alle Zeiten eines der Hauptthemen für Haiku gesetzt.

Der im Original und bisherigen Übersetzungen leicht suggestive Anfangs-Eindruck vom Sehen des Frosches und dem anschließenden Hören des Geräusches ist bislang kaum in Zweifel gezogen worden. Stattdessen wurde philosophiert, dass der Frosch sichtbar in das Geräusch hineinspringt und dadurch den Leser gleichzeitig sehen und hören lässt. Die vorliegende Übersetzung löst sich nun davon, dass der Leser solange irritiert wird, bis er merkt, dass das Sehen ihm eigentlich erst durch das Hören – und damit letztlich durch sein Wissen vor Augen geführt wird. Es ist gar nicht nötig, den Frosch zuerst zu sehen, um das Ereignis zu verstehen. Anhand des Geräusches sieht das geistige Auge mit.

So ganz neu ist dieses rückwärtige Schließen von dem Geräusch auf den Sprung eines Frosches allerdings nicht. Die obige Übersetzung wollte aber die bisherige Vermutung nochmal neu bewerten und verankern. Im Gegensatz zu anderen Erläuterungen wird der Frosch hier nicht zum Ton, sondern der Ton wird zum Frosch bzw. Bild des Frosches – und zwar direkt in der Wahrnehmung des Tons. Gleichzeitig wird er aber auch zum Sprung, d. h. zum Gedankensprung. Und damit zum Haiku.

Während man in der Zen-Betrachtung gelegentlich von einer „meditativen Wahrnehmung" spricht – was offenlässt, ob nicht sogar das Geräusch lediglich in der Vorstellung entstanden ist – kann man in der westlichen Welt – ohne Zen-Überbau, aber mit tatsächlich gehörtem Geräusch – wohl eher von einer Intuition reden.

Aber geht es dem Haiku wirklich darum, Hören und Sehen nebeneinander zu stellen? Ja und nein. Das Haiku differenziert nicht. Bashō erzählt von einer Beobachtung und stellt die Dinge unter einen Spannungsbogen. Und er lässt sie in Sekundenbruchteilen wieder verschwinden. Was bleibt, ist der Teich, die Lebendigkeit, die Schönheit, das Nirvana, das Paradies – wie immer man es nennen will.

Und das Haiku. Also genießen wir unseren Landgang und arbeiten daran, nach dem letzten Sprung vielleicht zusätzlich noch eine Leuchtspur zu hinterlassen. Bashō ist das gelungen.

Kompakt

Haben Sie immer schon mal einen Begriff rund ums Haiku gehabt, zu dem Sie gerne etwas mehr erfahren würden? Dann schreiben Sie an die Redaktion oder an post@claudiabrefeld.de.

Claudia Brefeld

Gūi

Mit *Gūi* (寓意) oder auch *gūwa* (寓話) ist in Japan ebenfalls eine Form der Anspielung (Allusion), der versteckten Bedeutung gemeint und wird manchmal auch mit dem Begriff Allegorie übersetzt. Anspielungen werden häufig als Verweise auf literarische Werke oder auch auf kulturhistorische und politische Ereignisse eingesetzt. So lässt sich die Bedeutung eines Gedichts vertiefen, indem beispielsweise eine Verbindung zu kulturellen Bildern geschaffen wird. Gleichwohl wird von der Leserschaft erwartet, dass diese den Verweis versteht und nachvollziehen kann (siehe auch *honkadori* – SG 146).

Bashō selbst führte diese Technik als eine von mehreren Neuerungen ein und erreichte auch auf diesem Wege eine Aufwertung des Haiku. Mit der Fähigkeit des Haiku, mit anderen literarischen und poetischen Texten aus der japanischen oder der chinesischen Tradition zu sprechen, entstand ein Dialog der besonderen Art.

Wie tiefgreifend so eine Anspielung sein kann, lässt sich anhand eines *hokku*/Haiku von Bashō eindrucksvoll verdeutlichen:
   Im frühen Winter 1680 zog Bashō in eine strohgedeckte Hütte am Ostufer des Sumida-Flusses im Bezirk Fukagawa. Dahinter verbarg sich das Bemühen, die poetischen Ideale der Eigenwilligkeit und Unkonventionalität zu verfolgen, „die seiner Ansicht nach in der Tradition der Ästheten und Einsiedler Chinas und Japans verkörpert waren und durch den Geist des freien und leichten Wanderns hervorgehoben wurden". Das

folgende Haiku ist Bashōs Schilderung seines Hüttenlebens:

氷苦く偃鼠が喉をうるほせり

kori nigaku
enso ga nodo wo
uruoseri

Ice – bitter-tasting –	Eis – bitter schmeckend –
Just enough to moisten	Gerade genug, um die Kehle
The throat of the mole.	des Maulwurfs zu befeuchten.

Tr:. Peipei Qiu

„Während das Gedicht als humorvolle Skizze der Härte von Bashōs Leben in der Hütte leicht verständlich ist, zieht die besondere Wahl des *haigon*, des Maulwurfs, die Aufmerksamkeit des Lesers auf sich und führt dazu, dass er sich mit einer mimetischen Lektüre nicht zufriedengibt. Bei diesem merkwürdigen Bild handelt es sich nämlich nicht um die Beschreibung eines Tieres, das sich zufällig im Blickfeld des Sprechers befindet. Wie schon mehrfach betont wurde, handelt es sich um eine Anspielung auf ein *gugen** im *Zhuangzi***. Dem *gugen* zufolge will Yao, der legendäre Monarch, das Reich an den Einsiedler Xu You abtreten. Xu sagt:
‚Ihr regiert die Welt und die Welt ist bereits gut regiert. Wenn ich nun Ihren Platz einnehme, werde ich es für einen Namen tun? Aber der Name ist nur der Gast der Wirklichkeit – werde ich es tun, damit ich die Rolle des Gastes spielen kann? Wenn der Schneidervogel sein Nest im tiefen Wald baut, benutzt er nicht mehr als einen Zweig. Wenn der Maulwurf am Fluss trinkt, nimmt er nicht mehr als einen Bauch voll. Geht nach Hause und vergesst die Sache, mein Herr. Ich habe keine Verwendung für die Herrschaft über die Welt. (in: Inventing the New Through the Old: The Essence of Haikai and the Zhuangzi)'"

* kann in etwa mit Gleichnis oder Parabel umschrieben werden.
**Zhuangzi (365 – 290 v. Chr.) war ein chinesischer Philosoph und Dichter. Er schrieb das gleichnamige Werk, das mit als Hauptwerk des Daoismus gilt.

So erzielt Bashō mit seinem Haiku eine besondere philosophische Tiefe: „Der Maulwurf ist in der Tat das exzentrische Selbstbild des Sprechers, der in der Tradition des Ästheten und Einsiedlers das vollkommene Glück in einem einsamen und bescheidenen Leben findet."

Quellennachweise:

- Peipei Qiu (2001): Inventing the New Through the Old: The Essence of Haikai and the Zhuangzi. EARLY MODERN JAPAN. Vol. 9 (1), Seite 2–18

- Wikipedia – Zhuangzi:
  https://de.wikipedia.org/wiki/Zhuangzi (17.10.2024)

- Jeannie M. Kenmotsu (2016): The Color Revolution: Printed Books In Eighteenth-Century Japan. University of Pennsylvania ScholarlyCommons. Publicly Accessible Penn Dissertations. 378 Seiten.

- Allusion
  https://haikutopics.blogspot.com/2010/04/allusion.html (17.10.2024)

- Mogura earth dragon
  https://dragondarumamuseum.blogspot.com/ 2012/01/mogura-earth-dragon.html (17.10.2024)

Auswahlen

Die Haiku- und Tanka-Auswahl Dezember 2024

Es wurden insgesamt 250 Haiku von 92 Autoren/Autorinnen und 59 Tanka von 22 Autoren/Autorinnen für diese Auswahl eingereicht. Einsendeschluss war der 15. Oktober 2024. Diese Texte wurden vor Beginn der Auswahl von mir anonymisiert.

Jedes Mitglied der DHG hat die Möglichkeit, eine Einsendung zu benennen, die bei Nichtberücksichtigung durch die Jury auf einer eigenen Mitgliederseite veröffentlicht werden soll.

Eingereicht werden können **nur bisher unveröffentlichte Texte** (gilt auch für Veröffentlichungen in Blogs, Foren, inklusive die Foren auf HALLO HAIKU, soziale Medien und Werkstätten etc., ausgenommen die Virtuelle Haiku-Gruppe).

Bitte keine Simultan-Einsendungen!

Bitte **alle** Haiku/Tanka **unbedingt gesammelt in einem Vorgang** in das Online-Formular auf der DHG-Webseite HALLO HAIKU selbst eintragen: https://haiku.de/haiku-und-tanka-auswahl-einreichen/

Ansonsten per Mail an: auswahlen@sommergras.de

Der nächste Einsendeschluss für die Haiku-/Tanka-Auswahl ist der 15. Januar 2025.

Jeder Teilnehmer/jede Teilnehmerin kann bis zu **sechs** Texte – **drei** Haiku und **drei** Tanka – einreichen.

Mit der Einsendung gibt der Autor/die Autorin das Einverständnis für eine mögliche Veröffentlichung in der DHG-Haiku-Agenda, auf http://www.zugetextet.com sowie für eine mögliche Vorstellung auf der Website der Haiku International Association.
Die Wertung der aktuellen Auswahl HTA wurde koordiniert von Eleonore Nickolay.

Haiku-Auswahl

Die Jury bestand aus Claus Hansson, Birgit Heid und Angela Hilde Timm. Die Mitglieder der Auswahlgruppe reichten keine eigenen Texte ein.
Alle ausgewählten Texte – 32 Haiku von 28 Autoren – werden in alphabetischer Reihenfolge der Autorennamen veröffentlicht. Es werden maximal zwei Haiku pro Autor aufgenommen.
„Ein Haiku, das mich besonders anspricht" – unter diesem Motto besteht für jedes Jurymitglied die Möglichkeit, bis zu drei Texte auszusuchen (noch anonymisiert), hier vorzustellen und zu kommentieren.
Da die Jury sich aus wechselnden Teilnehmern zusammensetzen soll, möchte ich an dieser Stelle ganz herzlich alle interessierten DHG-Mitglieder einladen, als Jurymitglied bei kommenden Auswahl-Runden mitzuwirken.
Kontakt: eleonore.nickolay@dhg-vorstand.de
und peter.rudolf@dhg-vorstand.de .

Eleonore Nickolay

Ein Haiku, das mich besonders anspricht

zur versöhnung
der blumenstrauß duftet
nach diesel

Alexander Groth

Mit diesem Haiku, das so unscheinbar und einfach daherkommt, hat der Dichter/die Dichterin mich sofort gefangen genommen. Das Haiku in der für mich ansprechenden Zeilenform kurz-lang-kurz berichtet von einer alltäglichen Geste, die wohl viele kennen und nachvollziehen können. Ein vorausgegangener Streit (ich unterstelle einmal zwischen Mann und Frau) soll mit einem Blumenstrauß ausgesöhnt werden. So weit, so gut. Aber in den Blumenduft mischt sich eine fremde Nuance: Diesel!

Jetzt ist meine Spürnase geweckt. Diesel! Wurde der Blumenstrauß an einer Tankstelle zu später Stunde bewusst gesucht und gekauft, da weit und breit kein Blumenladen mehr offen hatte? Oder wurde der Blumenstrauß aus dem Eingangsbereich des Tankshops beiläufig mitgenommen, weil er das schlechte Gewissen anregte? Im ersten Fall unterstelle ich dem Versöhner redliche Absichten, im zweiten melden sich bei mir schon leichte Zweifel an.

Für die Empfängerin des Bouquets wird die Freude am Blumenduft auf jeden Fall durch den Diesel arg gemindert. Die gutgemeinte Geste erhält einen schweren Beigeruch. „Bin ich ihm nicht mehr wert als nur ein Blumenstrauß von der Tankstelle?"

Noch tiefer gedacht erscheint mir im Diesel sogar ein versteckter Hinweis auf eine mögliche Ursache des Streits liegen zu können. Ist der Versöhner ein passionierter Autobastler mit wenig Zeit für die Partnerschaft? Oder – und nun wird es pikant – steckt gar eine andere Frau dahinter? Steht der Ausdruck Diesel doch manchmal synonym für Parfum!

Wie er es auch drehen mag, *aus dieser Nummer wird der Versöhner schwer herauskommen.* Ich wünsche den beiden, dass die Versöhnung dennoch klappt und von dem Dichter/der Dichterin gerne mehr dieser feinen und hintersinnigen Haiku.

Ausgesucht und kommentiert von Claus Hansson.

Haushaltauflösung
die zum Abschied klirrenden
Kristallgläser
    Ivan Georgiev

Wie schwer ist eine Haushaltsauflösung zu bewältigen! Neben der endlosen Arbeit und den Fragen, wer sich um welche einst geliebten Gegenstände kümmern sollte, neben dem Schmutz, der sich in den lange bewohnten Zimmern angesammelt hat und neben dem vielfachen, ja geradezu zersplitterten Abschiednehmen von all diesen Dingen, bleibt für die Trauer um die schwer kranke oder verstorbene Person kaum Zeit.

Da klirren die eng beieinanderstehenden Kristallgläser, als sie nun aus der Vitrine genommen werden. Gemeinsame Feste und gesellige Treffen beschwören sie noch einmal herauf und gemahnen die Trauernden an die schönen Seiten des Lebens. An das gemeinsame Lachen, die Witze und Alltags-Anekdoten, die zunehmende Gelöstheit und den geteilten Schwips. Auch die Betagten und Verstorbenen waren einst jung und fröhlich! Ich stelle mir ein unvermitteltes Lächeln der Angehörigen vor, das das Klirren und die damit verbundenen Erinnerungen auslöst. Dienten und dienen gesellige Begegnungen nicht nur der Unterhaltung und dem Austausch, sondern auch der Zugehörigkeit und Verbindung untereinander. Generationenübergreifend. Ein großartiges Haiku!

Ausgesucht und kommentiert von Birgit Heid

leere Schlangenhaut
die Nummer die sie mir gab
erwies sich als falsch
Frank Dietrich

Ein Haiku ganz nach meiner Vorliebe! Zwei Bilder, die erst einmal Verblüffung hervorrufen, zumal man einer leeren Schlangenhaut nicht häufig begegnet. Noch dazu findet nicht jeder ein solches Fundstück ansprechend genug, um sich näher damit zu beschäftigen. Doch ästhetisch ist diese tierische Hinterlassenschaft allemal. Eine verlassene Schlangenhaut lässt mich zunächst an Weiterentwicklung denken. Das Reptil hat eine Stufe des Wachstums hinter sich gelassen und ist in seiner neuen Haut weitergekrochen.

Das Bild lässt sich selbstredend auch auf den Menschen übertragen. Schlangen galten in der Antike als Hüterin der Unterwelt. Die Häutung stand für Wiedergeburt und Unsterblichkeit. In den frühgeschichtlichen und antiken Naturreligionen sah man bei der Schlange einen

Zusammenhang zur mystischen Weiblichkeit. Aber auch Gift, Tod und Medizin symbolisiert das Reptil. Und das Sprichwort „Aus der Haut fahren" lässt ebenfalls an Schlangen denken. Zuvor muss allerdings ein besonders aufregendes Ereignis stattgefunden haben.

Nun findet sich im Haiku die falsche Nummer. Wie in einem Bilderbuch ploppt eine ganze Reihe von Zusammenhängen auf.

Zum einen die Haut, die bei der Schlage eine unter mehreren ist, also eine Nummer hat, auch wenn man sie nicht kennt. Gibt womöglich auch die genannte Frau öfter unkorrekte Telefonnummern aus? Auch die Falschheit, die man generell der Schlange nachsagt, kommt mir als Assoziation in den Sinn. Andererseits hat sich die Unbekannte aus der sich anbahnenden Bekanntschaft herausgewunden. Auch die Weiterentwicklung ist ein möglicher Aspekt, beispielsweise die Bewältigungsstrategie, vor der der Mensch nun steht, weil er einer Lügnerin aufgesessen ist. Besser gesagt hat diese Person die Bewältigung bereits begonnen oder hinter sich gebracht, weil bei „erwies" das Präteritum zur Anwendung kam. Zieht der Mensch womöglich die Erkenntnis daraus, dass er selbst einen Fehler begangen hat? Dass sich die Frau gewunden hat, als es um einen weiteren Annäherungsschritt ging? Oder dass sie während des Dates unerkannt aus der Haut gefahren ist? Möglicherweise bewundert der Mensch jene Frau für ihre Raffinesse nun erst recht. Offensichtlich hatte diese Dame für das lyrische Ich eine erwähnenswerte Bedeutung. Infolgedessen könnte sich, falls der Protagonist männlich ist, ein Unterlegenheitsgefühl gegenüber Frauen Bahn brechen.

Ein Haiku, das ich nicht so schnell vergessen werde.

Ausgesucht und kommentiert von Birgit Heid

nur vorbeigegangen
und bereits angesteckt –
kinderlachen
   Tim Scharnweber

Dieses Haiku beginnt ganz beiläufig: „nur vorbeigegangen" erregt keine

Neugier in der ersten Zeile. Fast klingt es langweilig. Doch dann: „bereits angesteckt" – womit? Unwillkürlich kommt mir die Zeit der Pandemie in den Sinn, wo sehr auf Abstand geachtet werden sollte. Also angesteckt mit einer Krankheit? Oh nee, einfach nur so vorbeigehen und dann sowas! könnte der erste Gedanke nach den ersten zwei Zeilen sein. Durch die Pause der Zäsur durch den Gedankenstrich werden meine anfänglichen Erwartungen verstärkt, doch dann kommt eine überraschende Wende: Es ist ein im Vorbeigehen aufgefangenes Kinderlachen, das ansteckend ist und zum Mitlachen reizt, weil es so fröhlich und unbeschwert erklingt. Manchmal kommt es eben ganz anders als erwartet, und nicht alles, was ansteckend ist, muss auch schlecht sein. Zudem ist dieses Haiku mit 17 Silben auch typographisch erkennbar. Ich finde es sehr gelungen.

Ausgesucht und kommentiert von Angela Hilde Timm

Die Auswahl

Leuchtende Sichel
willkommene Gefährtin
auf einsamem Weg
 Thomas Berger

Platzregen
unterm Pavillon fließen
plötzlich Gespräche
 Marcus Blunck

im Atelier
leere Flaschen
und ein Farbenrausch
 Horst-Oliver Buchholz

am Kamin –
der Sturm sucht nach
alten Geschichten
 Marcus Blunck

Kinderheim
im letzten Zimmer
kein Licht
 Claudia Brefeld

Rast am Fluss –
sich immer wieder orten
im Strom der Zeit
 Reinhard Dellbrügge

neue Nachbarin
ihr Lächeln ist bereits
ein Teil von mir
   Frank Dietrich

Der Dirigent lauscht
Mit geschlossenen Augen
Dem Meer
   Hartmut Fillhardt

Haushaltauflösung
die zum Abschied klirrenden
Kristallgläser
   Ivan Georgiev

zur versöhnung
der blumenstrauß duftet
nach diesel
   Alexander Groth

bellender Nebel
die Herde weidet
jenseits der Zeit
   Gabriele Hartmann

Kalter Wind
singt für den Mond
allein
   Felix Jeanplong

Deine Hand berührt
die Seele in mir leise
glühende Tränen
   Eileen Kloweit

Sandkasten-Crew
jede Schneeflocke bekommt
einen Namen
   Bernadette Duncan

Die Angst im Bunker
meine Mutter verschwieg sie
Ihren Enkeln
   Dieter Gebell

Nach dem Herbstregen
in meinem Zimmer
Geruch von Erde
   Claus-Detlef Großmann

kaufmannsladen
die kleinen diskutieren
über inflation
   Alexander Groth

seine Umarmung
die reife Süße
später Erdbeeren
   Angelika Holweger

Erntemond
Die letzten Feigen am Baum
für die Stare
   Deborah Karl-Brandt

der Sonderling
im Rasengrab – was er wohl
dazu gesagt hätte
   Gérard Krebs

Klassentreffen …
beim Abschied der herbe Duft
des Spätsommers
    Ramona Linke

Disput
wir umkreisen
den Kern
    Ingrid Meinerts

Wintermärchen
sie sucht nach dem Wort
für das weiße Zeug
    Eleonore Nickolay

die Kunst des Putzens
sorgsam sortiert die Amsel
ihr Federkleid neu
    Marie-Luise Schulze Frenking

daheim geblieben
der Schatten deines Lächelns
am Telefon
    Monika Seidel

Nachbarschaftsfest
wir prosten uns zu
in fremden Sprachen
    Elisabeth Weber-Strobel

im Weiher
mein Gesicht und ein Wind
mit Blüten
    Wolfgang Luley

Sommerende
ihr Haar im Wind
lichter geworden
    Eleonore Nickolay

nur vorbeigegangen
und bereits angesteckt –
kinderlachen
    Tim Scharnweber

menschenleer
die Innenstadt
digitalisiert
    Marie-Luise Schulze Frenking

im Laubschatten
liegend liebkost mich
ein warmer Wind
    Angelica Seithe

Stolpersteine
immer und immer wieder
getreten
    Friedrich Winzer

Die Jury stellt sich vor

Claus Hansson:

Seit 1995 beschäftige ich mich kreativ mit Haiku. Im Mai 2014 bin ich in die DHG eingetreten, um mehr über Haiku zu erfahren und mich mit Gleichgesinnten auszutauschen. Ich beteilige mich seitdem regelmäßig mit meinen Haiku an den SG-Quartalsauswahlen und reiche sie auch bei Haiku heute ein. Mittlerweile bin ich zum vierten Mal Juror.

In meinen Haiku suche ich achtsam nach Momenten, die die Gegensätze von Ruhe und Bewegung oder Weichheit und Stärke ausdrücken. Ebenso sind mir Bashōs Gestaltungsprinzipen Flüchtigkeit und Beständigkeit wichtig.

Ich hatte in meinen Haiku anfangs größtenteils auf Adjektive und Verben verzichtet, habe aber mittlerweile meine Freude daran, sie munter in die Zeilen einzustreuen. In ihnen liegen Farbe, Ausdruck und die Fröhlichkeit des Lebens.

Meine Haiku sollen aber vor allem Erlebnislyrik und keine kopflastige Gedankenlyrik sein. Ich möchte in schlichte Worte fassen, was ich im Alltag spontan erlebe und empfinde.

Gerne können Dichter und Dichterinnen mit mir Kontakt aufnehmen, warum ein eingereichtes Haiku in mir nichts zum Mitschwingen gebracht und es diesmal nicht in die Auswahl geschafft hat. Manchmal sind es nur kleine Nuancen.

   Schwalbenruf –
   noch einmal tanzen
   im Schleier

Birgit Heid

Vor zwanzig Jahren begann ich, literarisch zu schreiben. Zunächst Märchen, einige Jahre später Lyrik. Meine Gedichte trieben mich dazu an, Gleichgesinnte zu finden, und so kam ich bei Facebook und beim Literarischen Verein der Pfalz e.V. an, den ich nunmehr seit bald zehn Jahren leite. Auf Facebook begegneten mir damals Poetinnen und Poeten, die mir das Haiku näherbrachten. Auf diesem Weg fand ich die DHG, wo ich aufgrund der angebotenen Lesefülle rasch die Chance bekam, mich weiterzuentwickeln.

Was mich an Haiku zunächst faszinierte, war die unglaubliche Vielfalt, die man ausgehend von ein, zwei Wörtern entwickeln kann. Sie erschienen mir wie kleine Ansammlungen von Samenkörnern, aus denen bald schon eine Blumenwiese wächst. Dass dabei diese schier endlosen Möglichkeiten unterschiedlich wirken und sinnvoll erscheinen, war ein längerer Erkenntnisweg durch diesen üppigen Garten, und ich habe mich durchaus schwergetan, den Geheimnissen des Haiku auf die Spur zu kommen. Heute sind es vor allem die poetischen Ansätze, die mich anziehen. Mir ist in Haiku wichtig, dass sie zwei konkrete oder individuelle Ereignisse beinhalten, Dinge, die auf den ersten Blick kaum etwas miteinander zu tun haben. Zeilen, deren Zusammenhang mich auf eine Entdeckungsreise einladen. Ereignisse, die weit über die oberflächliche Betrachtung hinausgehen. Aber auch ungewöhnliche Formulierungen finde ich reizvoll. Mithin Haiku, die einerseits tiefe Überlegungen und Sorgfalt der Schreibenden erkennen lassen und solche, die mich zu einer Nähe zum Verfasser hinführen.

Blumen-App
vermutlich sehe ich ihn
nie wieder

Angela Hilde Timm

Die Haiku-Welt fasziniert mich wegen ihrer Vielfältigkeit und wegen dem Verbindenden über Landesgrenzen hinweg. Besonders gefällt mir der vielseitige Austausch, seit ich im Juni 2013 auf dem Kirchentag in Hamburg an meinem ersten Haiku-Workshop teilnahm. Im Juni-Sommergras 2014 stellte ich mich dann als neues Mitglied der DHG vor, 2015 dann auf der Mitgliederversammlung in Wiesbaden.

Naturlyrik in drei Zeilen mit zehn bis siebzehn Silben bewegt mich seitdem auf meinen langen Spaziergängen auf der Stader Geest mit meiner Hündin Gracy. Ich nehme einen Eindruck in der Landschaft wahr und kann ihn gedanklich formen und mitnehmen, um ihn später schriftlich festzuhalten. Für mich ist ein Haiku ein „Seelenbild" oder ein „Lustiger Vers", der oft erst im Nachklang ganz beim Leser ankommt.

Ich freue mich immer, wenn die dritte Zeile durch eine überraschende Wende ein Lächeln beim Leser hervorruft. Auch einen „Scharniervers" in der Mitte, der sich auf unterschiedliche Weise auf die obere und untere Zeile bezieht, finde ich sehr reizvoll. Zudem gefällt mir das typische typografische Bild, das dem traditionellen Haiku ein unverwechselbares Erkennungsmerkmal schenkt. Nicht zuletzt fordert mich das Umstellen und Rätseln heraus, das nötig ist, um einer ursprünglichen Idee schlussendlich diese Inhalte und diese Form zu geben.

Mein Beispiel-Haiku hat bei Freundinnen diese Reaktion hervorgerufen:

Walnüsse knacken
vom Baum der gestern
gefällt wurde

Tanka-Auswahl der HTA

Die Auswahl wurde von Claudia Brefeld, Horst-Oliver Buchholz und Sylvia Hartmann vorgenommen. Sie wählten 12 Tanka von 11 Autoren und Autorinnen aus.

„Ein Tanka, das mich besonders anspricht" – hier wird ein Tanka vorgestellt und kommentiert von Sylvia Hartmann.

Ein Tanka, das mich besonders anspricht

dieses Gefühl
dass das Leben unfreundlich ist
als die alte Buche fällt
künftig ein Grund weniger
aus dem Fenster zu schauen

Deborah Karl-Brandt

Aus dem Wohnzimmer der Wohnung, in der ich aufgewachsen bin, schaute man in einen gepflegten Garten mit alten Bäumen. Direkt neben dem Wohnzimmer ragte eine Tanne in die Höhe. Ich bin mit dem Blick auf diesen Baum, der mir verlässlich und dauerhaft schien, groß geworden. Als er eines Tages gefällt wurde, war ich als Jugendliche sehr traurig. Die Wohnung wird inzwischen von Menschen bewohnt, die ich nicht kenne, meine Eltern sind gestorben. Vieles, was für mich als Kind fest und unverrückbar schien, gibt es nicht mehr. Das ist eine Erfahrung, die zum normalen Prozess des Erwachsenwerdens gehört und an die mich das Tanka erinnert.

Doch es lässt mich auch an die vielen Bäume denken, die gefällt werden, weil sie Neubauten oder Straßen weichen müssen – ganz zu schweigen von denen, die unter heutigen Wachstumsbedingungen nicht die Chance haben, ihr volles Alter zu erreichen. Die Welt wird durch den Verlust von Bäumen nicht nur unfreundlicher, sondern sie tragen ja auch wesentlich zur Produktion von Sauerstoff und damit zum Erhalt unserer Lebensgrundlage bei. Dass derjenige, der das Tanka verfasst hat, die Freude daran verloren hat, aus dem Fenster zu schauen, kann ich gut nachvollziehen. Im übertragenen Sinne jedoch kann es keine Lösung sein, sich immer mehr in seinem Bereich zu verkriechen. Hinschauen ist schon ein erster Schritt dazu, diese Welt wieder ein wenig freundlicher zu machen.

Die Auswahl

Zum Abschied
von der Insel
ein letzter Gang am Flutsaum entlang.
Mein Schatten auf dem Strand
reicht bis zur Düne.
    Reinhard Dellbrügge

meinen Kontrollzwang
kriege ich in den Griff
morgen
werde ich überprüfen
ob ich Wort gehalten habe
    Gabriele Hartmann

Beim Brennholzstapeln:
Ein Scheit nach dem anderen
bekommt seinen Platz.
Schicht um Schicht wächst die Ordnung.
Es duftet nach Harz und Moos.
    Torsten Hesse

irgendwo
in der Eintönigkeit
des Schilfs
der Ruf der Schnepfe
hat die gleiche Farbe
    Frank Dietrich

Zeit für einen
neuen Kalender
endlich die Termine eintragen
als würden sie Schwarz auf Weiß
mein Leben sichern
    Birgit Heid

dieses Gefühl
dass das Leben unfreundlich ist
als die alte Buche fällt
künftig ein Grund weniger
aus dem Fenster zu schauen
    Deborah Karl-Brandt

Vaters feines Lächeln
an seinem Lebensende
heischt mir Respekt ab.
An seiner Stelle – ich
würde wohl verzagen
   Rudolf Leder

ein Kommen und Gehen
sein Sohn packt ihm die Tasche
mein Bettnachbar lächelt
er darf wieder nach Hause
keine Hoffnung mehr
   Wolfgang Rödig

Du schöpfst
mit Händen frisches Wasser –
nimmst
ihr nichts weg
der sprudelnden Quelle
   Angelica Seithe

ein Herbstabend –
der Spaziergang mit wirbelnden
gelben Blättern
jeder ist mit eigenen
Geschichten beschäftigt
   Dragan J. Ristić

Mittagsschatten
auf dem weißen Papier
ein Stift auf dem Tisch
durch das offene Fenster
ihr Duft von nebenan
   Frank Sauer

behutsam
als habe sich eine Amsel
auf deine Hand gesetzt
hältst du sie geöffnet
für dieses flüchtige Glück
   Angelica Seithe

Sonderbeitrag von Brigitte ten Brink

Brigitte ten Brink hat aus allen anonymisierten Einsendungen ein Haiku ausgesucht, das sie besonders anspricht.

Klassentreffen …
beim Abschied der herbe Duft
des Spätsommers
   Ramona Linke

Hinter diesem Haiku steht vieles zwischen den Zeilen und hinter den Worten.

Es beginnt mit einem realen Ereignis, dem *Klassentreffen*. Für gewöhnlich liegt bei einem Klassentreffen die Schulzeit mehrere Jahre, vielleicht sogar Jahrzehnte, zurück. Man hat sich lange nicht gesehen, viel zu erzählen, Gutes und weniger Gutes und man ist älter geworden, gereift. So weit, so pragmatisch. Dann aber schlägt das Haiku in der zweiten Zeile eine andere Richtung ein und widmet sich einer sinnlichen Wahrnehmung, die einer bestimmten Jahreszeit zugeordnet ist. Ein Duft wird nun Thema, *der herbe Duft des Spätsommers,* der sich über den zwangsläufigen Abschied am Ende des Treffens legt und eine melancholische Stimmung impliziert. Man hat sich erst gerade wiedergefunden, alte Kontakte aufgefrischt und schon verliert man sich wieder. Wie das Jahr im Spätsommer beginnt, sich auf seinen Abschied vorzubereiten, müssen sich die Teilnehmer des Klassentreffens, die vermutlich im Spätsommer ihres Lebens stehen, ebenfalls voneinander verabschieden und ein Wiedersehen ist ungewiss.

So ist die Formulierung *beim Abschied der herbe Duft des Spätsommers* eine wunderbare Metapher für die Schwermut, die über diesem Abschied liegt. Dieses Haiku erzählt in wenigen Worten von einem Ereignis, das Menschen, die einmal eine Gemeinschaft waren, für einen Moment wieder zusammenbringt, nachdem sie lange Zeit nichts mehr miteinander verband. Für kurze Zeit werden sie auf dem Klassentreffen wieder eine Gemeinschaft und tauschen gemeinsame Erinnerungen aus, bevor jeder in sein eigentliches Leben zurückkehrt.

Mitgliederseite

Jedes Mitglied der DHG hat die Möglichkeit, eine Einsendung zu benennen, die bei Nichtberücksichtigung durch die Jury der Haiku- und Tanka-Auswahl auf dieser Mitgliederseite veröffentlicht werden soll.

ausgebleicht in der
sommersonne – die streifen
des zebras
   Sylvia Bacher

Vor blauem Himmel
enthüllt sich deine Schönheit
nackte Baumkrone
   Thomas Berger

Eisblumen
im Schlafzimmer
die Enkel glauben's nicht
   Martin Berner

Yogi im Kopfstand
auf dem Stand-Up-Paddel-Brett
Seewassertaufe
   Eva Beylich

Königspudel
der betagte Herr greift
an seinen Hut
   Christof Blumentrath

Oktobersonne
die letzte Teezeremonie
im Japanischen Garten
   Hildegard Dohrendorf

silberhell der mond
sie lächelt leise
ach damals
   Gregor Graf

alter Bahnhof
auf der Regionalbahn
ein Laubteppich
   Alexander Groth

Gewitterstimmung
über dem Pflaumenkuchen
ihr Summen
   Gabriele Hartmann

Blätter in rot
orange gelb braun – aus dem Wald
werden Bäume
   Sylvia Hartmann

im dorf beim bahnhof
geboren am schelmenweg –
und wie ging's weiter ?
   Bernhard Haupeltshofer

Schritt für Schritt …
das Kopfsteinpflaster
kennt ihren Gang
   Angelika Holweger

Balzende Molche
Beim Luftholen zerbricht der
Wasserspiegel
   Andreas Kirn

Auf Himmelsblau
der Tanz weißer Wolken
Walzer der Lüfte
   Katja Leonhardt

Die Milchstraße sieht
ich lese Albert Schweizer
große Menschen
   Wolfgang Luley

oktoberrosen
sanftrosa vor schwarzer wand
moment der stille
   Johann Reichsthaler

Der vertraute Weg –
wie lang er ist im Dunkeln
und bei diesem Wind!
   Torsten Hesse

Flucht aus Kiew
der kleine Sohn übersetzt –
Freunde in Kyoto
   Saskia Ishikawa-Franke

Sirren in der Nacht,
ein Schlag gegen die Wand,
blutige Stille
   Rudolf Leder

in der Höhlenkirche
die kühlende Stille
atmen
   Ramona Linke

Kastanien fallen
Kinderaugen voller Freude
Herbstwind allüberall
   Pedro Meier

letztes Arztgespräch
Alles geklärt
Lust auf ein Spielchen?
   Bernd Reklies

heute sehr kalt –
auf dem Grab meines Vaters
künstliche Blumen
   Dragan J. Ristić

allein
an deinem Grab
das grüne Gras
   Frank Sauer

baumschmuckersatz
wurfblätterteig
im waldkindergarten
   Annika Carmen Schmidt

klares Wasser –
ungeachtet der Dinge dein Rauschen
   Angela Schmitt

Bahnsteigansage
Verspätung – wieder einmal
Gesang der Amsel
   Monika Seidel

bunte Herbstfarben
nur die Kraniche rufen
die Sehnsucht fliegt mit
   Johannes Weber

für wen schmückst du dich?
fragte mein Mann –
für die Frauen im Bus!
   Rita Rosen

Weihnachtskrippe
Den Schlaf des Kindleins
bewacht der Stubentiger
   Michael Rasmus Schernikau

im Wartezimmer
am Baum vor dem Fenster
die Blätter gezählt
   Evelin Schmidt

Mistelzweigküsse
und Plätzchenduft in der Luft –
schimmernde Tage.
   Katja Schröder

Aus der Kastanie
geschnitzt nun der Pfeifenkopf
in der Nase Duft.
   Christa Wächtler

In der Leitung
gefangen
Telefonschweigen
   Helga Weiss

orangebraun
isländische Marslandschaft
der Reisebus wartet
   Stefanie Wichert

Der Karton Fotos
vor der Tür des Pflegeheims
Ein Rest Leben
   Udo Zielke

wütende See
das stoische Aufblinken
eines Leuchtfeuers
   Klaus-Dieter Wirth

seins
am ende meines
seins
   Klaus Stute
   Ilse Jacobson zum Geburtstag
   gewidmet

Die Auswahl der folgenden Texte ebenso wie alle in dieser Ausgabe abgedruckten Haiga erfolgte durch Horst-Oliver Buchholz, Eleonore Nickolay, Claudia Brefeld und Sylvia Hartmann.
Bei eigenen Einreichungen enthalten sich die Redaktionsmitglieder ihrer Stimme, Meinung und Wertung.
Gerne verstärken wir unsere Jury in jeder Ausgabe um eine wechselnde Gaststimme. Wir laden alle DHG-Mitglieder ein, sich hierzu bei der Redaktion unter redaktion@sommergras.de zu melden!

Bei allen Beiträgen (inklusive Haiga) bitte keine Simultaneinsendungen. Bitte senden Sie je Gattung (Haiga, Haibun, Tan-Renga, etc.) **maximal drei** Beiträge an redaktion@sommergras.de!

Haibun

Christof Blumentrath

Das Abendmahl

Der Tisch ist feierlich gedeckt. In dem alten Silberleuchter steckt eine brennende Kerze. Natürlich Stoffservietten. Vater hat sich eine Krawatte umgebunden, der Knoten klein und hart. Mutter hat ihre Kronjuwelen herausgeholt. Sie dreht mit dem Daumen an dem viel zu locker sitzenden Ring, der ihren kleinen Finger schmückt.
Als alle am Tisch sitzen, endlich jeder Stuhl zurechtgerückt und das Tischgebet gesprochen ist, erklingen die kristallenen Gläser, welche sodann behutsam und geräuschlos auf der Tischdecke abgesetzt werden.

    Carpaccio vom Rind
    ich frage meine Schwester
    was ist ein Ex

Der Rehrücken schmeckt ganz vorzüglich, ein Gedicht. Der Onkel mit der Wangennarbe. Seine pomadisierten Haare spiegeln sich in der frisch geschärften Klinge des Tranchiermessers.
Großvater sei auf keinen Fall ein Nazi gewesen, sagt jemand, an dessen Schläfe eine zickzackförmige Ader pocht.
Ich beobachte, wie mein großer Bruder in seiner Faust eine halbierte Zitrone zerdrückt, bis aus ihr kein Tropfen mehr herauskommt.

> Nordwind
> der Gedenkstein nackt
> wie ein Knochen

Später werden die Männer dicke Zigarren rauchen.

> Blutsbande
> nur ihre Schatten
> berühren sich

Christof Blumentrath und Brigitte ten Brink

Nocturne
Doppel-Haibun

Zu früh, um aufzustehen. Selbst der Zeitungsbote war noch nicht da. Ich kenne seine Schritte. Leiser Regen. Leichter Wind.
Ich denke an die Beerdigung, zu der ich heute Vormittag gehen muss. Ach, er war ein guter Mann, sagt man, ein richtig Guter.
Ich denke an meinen schwarzen Mantel, den ich zuletzt trug, als – wie hieß sie noch? – beerdigt wurde.
Ich denke an Vaters goldene Uhr.
Wer wird sie bekommen, wenn mein Tag gekommen ist? Wo ist sie überhaupt?
Nein, nein, nein, nein. Ich denke an meine Füße, spüre, wie ich auf ihnen

durch taufeuchtes Gras gehe. Ich denke an den Duft frisch gebrühten Kaffees im Licht der Morgensonne. An Chopin. Ich denke an Chopin. Vater spielte immer wieder ein Stück von Chopin. Oder war es Schubert?

> vor der OP
> ihr Haar ihr Duft ihr Atem
> die ganze Nacht
>   CB

„Thanks for he Dance" war eines seiner letzten Lieder. Er sang es mit rauer, brüchiger Stimme, der ihr Alter anzuhören war und das Leben, das er gelebt hatte. Dieses Leben war nun vorbei. Er wusste es. Und doch … die Beschwingtheit des Dreivierteltaktes färbte auch den Klang seiner Stimme. Sie nahm dem Lied nicht die Melancholie des Abschieds, wohl aber die Traurigkeit.

> Morgen
> und danach wieder
> ein Morgen …
>   BtB

Birgit Heid

Spätherbst

Unterwegs zum Neurologen. Mutter seufzt und atmet tief aus. Ich lege meinen Arm um ihre Schulter und stütze sie beim Gehen. Die Ergebnisse in der Arztpraxis fallen zu unserer Erleichterung gut aus. Ein Medikament soll Abhilfe schaffen.

    vor dem Regen
    ich kehre das Laub
    auf der nassen Gasse

Die vergangenen, verzweifelten Wochen legt Mutter nicht so rasch ab. Kann man diesem Granulat Glauben schenken? Der Beipackzettel zählt andere Krankheiten auf. Und wird sie ihren geplanten Urlaub antreten können? Vielleicht zum letzten Mal.

    Horizontverschiebung
    der Nachbar schneidet
    die Büsche herunter

Überhaupt das Alleinsein. Was bietet die hiesige Kirchengemeinde? Mutter greift nach dem eng beschriebenen Heftchen. Ihre Miene klart sich auf.

    für einen Moment
    wann kommt er
    zurück?

Birgit Heid

Verblüht

Ein Geschäftsmann, zu Hause gleichfalls bestimmend, ist er gewesen. Zwischen den Stühlen sitzend konnte sich Mutter mit ihrer nachsichtigen Erziehung nicht verteidigen. Sie trennten die Aufgabenbereiche.

    Mauerwerk
    in den Fugen
    das letzte Gespräch

Meine Beziehung zu Vater war angstgeprägt. Verdrängt sind seine Reaktionen auf mein Verhalten, sodass ich Mutter fragen muss. Die Berührung der Vergangenheit verlor ich wie ein Taschentuch im Wind.

> Zugvögel
> mit wem
> verbinde ich mich?

Norbert Flemming

Ein langer Weg

„Hörst du das Meer? Wie ich mich darauf gefreut habe!", begeisterte sich meine Frau auf der Promenade von Borkum. So sehr, dass ich still fortsetzte: „Dahin, dahin führt unser Weg." Laut: „Lass uns geh'n!"

Inzwischen befinden wir uns – den blendend weißen Feinstsand-Abschnitt haben wir, nicht ohne Mühe und Plage, hinter uns gebracht – auf einer seifigen, braunen, von langem, grünem Fadentang bedeckten Fläche, als Folge sturmgepeitschter Wassermassen, die das Profil der Insel stark verändert haben; Heimat von Myriaden kleinster Fliegen, die wir mit jedem Schritt aufscheuchen. Dahin wär' alle Poesie, ließe das Meer uns hier nicht seinen ruhigen Herzschlag hören: sanftes Klatschen beim Überrollen der Wellen, leises Rauschen, im Verebben Flüstern, als wollte es sich mit der Insel versöhnen …
Zufallsmusik, Mosaik von Rhythmen, ein Regenbogen aus Geräuschen und Klängen verführen, weiter zu gehen, endlich zu seh'n, wer diese unaufhörliche Sinfonie dirigiert.

> Sehnsucht nach
> Sinnlichkeit
> wahrnehmen

Gabriele Hartmann

Endöd II

In der Einfahrt steht das Unfallfahrzeug. Zwei Jahre sind seither vergangen. Der alte Mann ist zwischenzeitlich verstorben. Vor Kummer, sagt die Nachbarin. Hut und Krückstock hängen neben der Scheunentür.
Ein kräftiger Mann mit nacktem Oberkörper schlachtet die Karosse aus, lädt die für brauchbar erachteten Teile auf einen Anhänger. Der Junge beobachtet ihn eine Weile, dreht sich dann abrupt um und geht ins Haus. „Hoffentlich bekommt er Sonnenbrand", murmelt er. Die Frau sitzt auf der Treppe, birgt ihr Gesicht in beiden Händen.

    verrostet
    die Sonnenuhr
    ohne Zeiger

tief im Wald ...
schläfrig kuschelt sie sich
an mich

Haiga: Claudia Brefeld

Tan-Renga

Michaela Kiock und Gabriele Hartmann

verliebt
Regen fällt
vom Erdbeerhimmel

allmählich wird aus Wolken
Nacht

MK / GH

Vergessen auf Zeit
im sich lichtenden Nebel
die alten Fragen

Haiga: Georges Hartmann

Kettengedichte

Deborah Karl-Brandt und Gabriele Hartmann

geliefert
Rengay

Nikolaus
Ein schneller K(l)ick
bei Amazon

zögernd lösen wir
die Paketschnur

Morgens
die Vase ihrer Tante
im Regal

zerbrochen
Kind und Kegel beteuern
ihre Unschuld

dein Versprechen – nach dem Beben
eine neue Uferlinie

zwischen den Binsen
verlieren wir
Zeit

DKB: 1, 3, 5 / GH: 2, 4, 6

Es können auch längere und lange Kettendichtungen eingereicht werden, diese werden dann aber nicht mehr im SOMMERGRAS, sondern auf der DHG-Website parallel zur jeweiligen SOMMERGRAS-Ausgabe veröffentlicht. Auf diese Weise wird die gemeinschaftliche Kettendichtung besser gefördert, da es so keine Platzeinschränkungen mehr gibt, die beim SOMMERGRAS ja immer eine Rolle spielen.

Die Kettendichtungen (*renku*) bitte immer mit dem zugrunde liegenden Schema und Anmerkungen einreichen, da es so für die Leser besser nachvollziehbar ist. Wir freuen uns auf Ihre Zusendungen!

Friedhofseck
sogar der Wind
hält inne

Haiga: Claudia Brefeld

Bücher

Sie haben auch eine Neu-Veröffentlichung, die wir hier besprechen könnten? Dann schreiben Sie bitte eine E-Mail an die Redaktion: redaktion@sommergras.de. Dort erhalten Sie die Postadresse, an die Sie ein Rezensionsexemplar schicken können.
Ein Anspruch auf eine Buch-Besprechung besteht nicht.

Hinweis zum Verfassen von Rezensionen/Buchvorstellungen:
Bitte beachten Sie, dass die Angaben zum Buch vollständig gemacht werden. Dazu gehören:
Name. Titel. Untertitel (soweit vorhanden). Weitere Details/Besonderheiten zum Buch. Verlag, Ort. Jahreszahl. Seitenzahl. ISBN.
Bitte zitieren Sie **maximal** zehn Prozent der im besprochenen Buch enthaltenen Haiku und achten Sie darauf, ob Autor/Autorin/Verlag das Zitieren genehmigt.

Traude Veran

HAIKU

Richard Wright: HAIKU. Aus dem amerikanischen Englisch von Jonis Hartmann. Gebunden. Matthes und Seitz, Berlin. 2024. 168 S. ISBN 9783--751809-68-9

Originalausgabe:
Richard Wright: HAIKU. The Last Poems of an American Icon. Softcover. Ed. Yoshinobu Hakutani and Robert. L. Tener. Skyhorse Publishing 2012 (1. Ausgabe 1998). 304 S. ISBN 978-1-611453-49-2

Die Sammlung von über 800 der 4000 Haiku im klassischen Maß 5-7-5, die Richard Wright fast alle in den beiden Jahren vor seinem Tod verfasst hat, konfrontiert uns mit einem bedeutenden afroamerikanischen Dichter, dessen Sprachgewalt ebenso fasziniert wie seine Feinfühligkeit und Naturverbundenheit.
Die englische Originalausgabe, ein Softcover, bietet umfängliche Kommentare an, wie schon an der viel größeren Seitenzahl zu erkennen ist:

Werkliste, das zu Herzen gehende Vorwort seiner Tochter, Anmerkungen des Herausgebers, textkritischer Apparat und 50 Seiten Nachwort mit ausführlicher Besprechung einzelner Haiku. Leider wird nicht angegeben, ob der Dichter die Texte selbst durchnummeriert hat und ob dies die Reihenfolge ihrer Entstehung angibt.

Die deutsche Ausgabe ist aufwändiger gestaltet als ihr englischer Vorläufer, gebunden mit Schutzumschlag, aber dieser passt mit seinen grellen Farben überhaupt nicht zu der hohen Sensibilität des Autors. Die Übersetzung wurde sicherlich durch das akribische Festhalten am Versmaß des Originals sehr erschwert, was sich an einzelnen Versen zeigt. Sie gibt aber den Ton der Haiku einfühlsam wieder.

Weitere Verständnishilfen vermisst man jedoch schmerzlich, es gibt nicht einmal ein Werkverzeichnis des Autors. Die Fülle von Haiku wird von Seite eins an dem Leser/der Leserin gleichsam über den Kopf geschüttet, ohne Kommentar, ohne irgendeine inhaltliche oder zeitliche Zuordnung der Texte. Sie sind nummeriert – nun gut, aber das hilft hier kaum. Ein Buch, das nichts weiter enthält als über 800 Haiku in buntem thematischem Durcheinander, lässt den Leser/die Leserin eher verzagen!

Trotzdem kann ich wirklich empfehlen: Lassen Sie sich nicht abschrecken! Gehen Sie in dem Buch auf die Suche nach Überraschungen, die sich schon nach kurzer Lektüre einstellen werden. Licht in der Dunkelheit der Welt, wie Wrights Tochter Julia sagt, wird Ihr Leben erhellen.

Aus den Texten spricht die Beobachtungsgenauigkeit des geborenen Landkindes Wright.

Haiku 93

Leaving its nest,	Eine Sekunde
The sparrow sinks a second,	Sinkt der Spatz aus seinem Nest,
Then opens its wings.	Öffnet dann die Flügel.

Haiku 796

Der Dichter verpackt die Ereignisse meisterhaft in „Kürzestgeschichten"
und das in unglaublicher Anzahl:

Haiku 526

The arriving train
All decorated with snow
From another town.

Eine Bahn fährt ein,
Ganz ausstaffiert mit dem Schnee
Einer anderen Stadt.

Bestürzt erlebt man, wie geradezu fieberhaft hier ein todkranker Mensch die Welt zu erleben sucht und wie viel Liebe, freundliches Verständnis und leisen Humor dieser Mensch zu geben hat.

Haiku 619

After the sermon
The preacher's voice is still heard
In the Caws of crows.

Nach dem Predigen
Hallt die Stimme des Pfarrers
Nach im Krähenruf.

Tobias Tiefensee

Nah der Ferne

Eleonore Nickolay/Horst-Oliver Buchholz: Nah der Ferne. Haibun. 13,5 x 21,5 cm, Hardcover, Lesebändchen. 78 Seiten. Rotkiefer Verlag, Berlin. 2024.
ISBN: 978-3-949029-32-5

Der Titel „Nah der Ferne" und das Titelbild sind treffend gewählt und ergänzen sich auf interessante Weise. Die beiden Bäume, die wie menschliche Köpfe geformt sind, sehen sich gegenseitig an. Sie symbolisieren eine Nähe, die trotz einer gewissen räumlichen Distanz besteht. Eine weitere, interessante Beobachtung ist, dass die Köpfe nur zur Hälfte mit Laub bedeckt sind und sich dadurch gegenseitig ergänzen. So wie die Texte der beiden Dichtenden, Eleonore Nickolay und Horst-Oliver Buchholz. Ein von dem einen verfasster Prosatext wird durch ein Haiku des anderen ergänzt und umgekehrt. Auf diese Weise liegen nun 52 lebendige Haibun vor.

Durch das wechselseitige Schreiben ist ein Haibun-Renga entstanden. Ein Renga ist eine traditionelle japanische Kettendichtung, eine Methode, die heute noch großen Zuspruch findet. Die Texte von Eleonore Nickolay sind kursiv gedruckt, wohingegen die Texte von Horst-Oliver Buchholz in Normalschrift geschrieben sind. Das schafft Klarheit für den Lesenden. Das ganze Buch wirkt in sich stimmig und geschickt aufgebaut. Jeder Text beginnt mit einem vergrößerten Anfangsbuchstaben, was auf einfache Weise ein dekoratives Element schafft. Ein weiterer Blickfang sind die sechs schwarz-weißen Grafiken von Adobe Stock. Diese zeigen jeweils drei Silhouetten von Frauen und drei von Männern, die stets mit Landschaftsdarstellungen verbunden sind. Sie bilden einen stimmungsvollen Rahmen, der das Thema „Nah der Ferne" aufgreift. Die Gesichter wirken nahbar und greifbar, doch durch ihre Verschmelzung mit den Landschaften erscheinen sie zugleich unnahbar und fremd, ja sogar fern. Dies greift das eingangs beschriebene Titelthema auf faszinierende Weise auf und zieht es durch das gesamte Buch.

Mich hat das Haibun auf Seite 60 in besonderem Maße angesprochen. Die Prosa von Eleonore Nickolay lautet wie folgt:

Immer wieder lasse ich den warmen Sand durch die Finger rieseln, aber es hilft nichts: Die Zeit ist vorbei. Nach einem letzten Blick auf das Wellenspiel des Ozeans verlasse ich den Strand.

Das klingt nach einem sehr poetischen und nachdenklichen Moment. Die im Text beschriebene Person scheint den Strand und das Meer zu genießen, aber gleichzeitig gibt es eine melancholische Note. Leider ist die Zeit, die die Person dort verbringen kann, vorbei. Das Bild des Sandes, der durch die Finger rieselt, symbolisiert das Vergehen der Zeit und die Vergänglichkeit. Der letzte Blick auf das Wellenspiel des Ozeans könnte ein Abschied oder ein Moment des Innehaltens sein, bevor der Strand verlassen wird.

Das Haiku von Horst-Oliver Buchholz dazu lautet:

bald bin ich wieder
bei dir
sagt sie in den wind

Hier wird ein Gefühl von Sehnsucht und Vorfreude vermittelt. Die Worte „bald bin ich wieder bei dir" deuten darauf hin, dass jemand bald zu einer geliebten Person oder einem geliebten Ort zurückkehren wird. Das Sprechen „in den Wind" kann symbolisieren, dass diese Worte vielleicht nicht (sofort) gehört werden oder dass sie in die Ferne getragen werden, aber dennoch eine starke emotionale Bedeutung haben.

Ein weiterer Text, der mich sehr berührt hat, trägt eine Überschrift. Das trifft auf etwa ein Drittel der Haibun im Buch zu. Der Text auf Seite 63 trägt den Titel: „Im Ballhaus":

Er überlegte, dachte noch einmal nach, zögerte: Soll ich der Toilettenfrau 50 Cent geben, oder reichen nicht auch 30? Dann ging er zurück ans Buffet, die Scampi superb.

Dieser kurze Text beschreibt eine alltägliche, aber dennoch nachdenkliche Situation. Die hier beschriebene Person befindet sich in einem inneren Konflikt darüber, wie viel Trinkgeld die „Toilettenfrau" bekommen soll. Die genaue Abwägung zwischen 50 Cent und 30 Cent zeigt eine gewisse Unsicherheit oder vielleicht auch Geiz.

Der plötzliche Wechsel „zurück ans Buffet" und die Erwähnung der „superben" Scampi lenkt die Aufmerksamkeit auf die Genüsse des Lebens und könnte darauf hinweisen, dass die hier beschriebene Person letztlich entscheidet, sich nicht weiter mit der Trinkgeldfrage zu beschäftigen. Diese wird zurückgestellt und wahrscheinlich verdrängt oder vergessen. Die Person möchte sich mit den Lebensumständen der Toilettenfrau nicht weiter befassen und stattdessen das Essen genießen.

Das Haiku von Eleonore Nickolay dazu:

Welthungertag
ich betrachte
unsere Essensreste

Das Haiku ist sehr ausdrucksstark. Es weist auf den Welthungertag hin, einen Tag, der das Bewusstsein für den weltweiten Hunger schärfen soll. Die im Text beschriebene Person betrachtet „unsere Essensreste", was eine starke Kontrastwirkung erzeugt. Es gibt einen Hinweis darauf, wie viel Nahrung in wohlhabenderen Gesellschaften verschwendet wird, während in anderen Teilen der Welt Menschen hungern.

Insgesamt gesehen überzeugt das Buch „Nah der Ferne" durch seine Tiefgründigkeit, seine ausdruckstarke Poesie und den Reichtum an Themen. Ähnlich wie beim letzten gemeinsamen Werk des Dichterduos, „Lichtwechsel" aus dem Jahr 2022 hat mich auch „Nah der Ferne" sehr angesprochen. Der Schreibstil der beiden Dichtenden gefällt mir sehr. Sie ergänzen sich auf eine außergewöhnliche Weise, die mich stark beeindruckt. Beim Lesen werde ich sowohl zum Träumen als auch zum Nachdenken angeregt. Was wäre, wenn wir uns trotz Distanz näher wären? Wenn wir nicht nach dem suchen, was uns trennt, sondern uns auf das konzentrieren, was uns verbindet, und so gemeinsam Hindernisse überwinden? Das sind Fragen, die in mir nachhallen, nachdem ich das Buch gelesen habe. Daher freue mich jetzt schon auf mehr und hoffe auf weitere gemeinsame Werke der beiden.

Zum Abschluss möchte ich noch aus dem Vorwort von Horst-Oliver Buchholz zitieren:

„Dinge, die in der Ferne liegen, lassen sich oft besser erkennen und auf ihr Wesentliches konzentrieren. Im Umgekehrten liegen im Kleinen oft Dinge verborgen, die auf Großes verweisen – man muss sie nur wahrnehmen. Literatur macht solche Dinge sichtbar, und wenn dieses Buch ein Sandkorn dazu beiträgt, so hat es seinen Sinn erfüllt."

Meiner Meinung nach besteht das vorliegende Werk des Dichterduos Nickolay/Buchholz aus zweiundfünfzig solcher Sandkörner. Beim Lesen werde ich zum Komplizen der beiden, zum dritten im Bunde, zum Wind, der die Sandkörner zum Klingen bringt. Und das in mir. Dadurch werde ich ein Teil davon, und das macht das Buch „Nah der Ferne" für mich zu etwas ganz Besonderem.

Rüdiger Jung

Kann nicht stillsitzen.

Ingo Cesaro: Grafik-Haiku-Kalender 2025. Texte in Haiku-Form. Georg Baier: Zeichnungen. Werkstatt-Edition Baier Nürnberg.
Zu beziehen über Neue Cranach Presse, 96317 Kronach, Joseph-Haydn-Straße 4, Tel. 09261/63373, E-Mail: ingocesaro@gmx.de

Die Rückseite des Kalenders bringt die grafischen Arbeiten auf den Punkt: „Der schwarze Humor der Zeichnungen verbirgt zwischen lässiger Ironie und Sarkasmus viel Kritik an der Gesellschaft und am missglückten Miteinander des menschlichen Alltags." Wie kann man sich annähern? Ingo Cesaro gibt schon im ersten Monatsblatt die Antwort.

„Ein Tänzchen wagen". „Tänzchen" – weil es wichtig ist, das Leichte, Fröhliche, Spielerische nicht zu vergessen. „wagen"?
Erklärt sich von selbst.
Der Blick auf die Äußerlichkeiten wäre da eher irritierend und hinderlich:

September:

Urteilen sie nicht
nach ihrem ersten Eindruck –
bin sehr umgänglich.

Der Begriff des „Gewöhnungsbedürftigen" könnte hier ins Spiel kommen – und Gewöhnung braucht Zeit und Geduld:

Juli:

Bei gutem Willen
freunden wir uns an. Lassen –
uns ausreichend Zeit.

So erschließt sich uns ein Pandämonium, das in der Tat die Überschrift tragen könnten: „neu sehen lernen"!
Etwa der bunte Vogel, den uns der Mai präsentiert:

Mai:

Einer so wie ich
wartet erst einmal ab. Kann –
immer wegfliegen.

Ratschläge, etwas zu lassen, entfalten von jeher mehr Überzeugungskraft als solche, etwas zu tun. Das mag nicht der Weisheit letzter Schluss sein, aber doch vielleicht ihr erster Anfang. Der bunte Vogel jedenfalls erinnert mich an den Schönbiel-Neffen der Fernseh-Serie „Neues aus Büttenwarder", der bei seinem Onkel, dem Bürgermeister, hospitiert, um ihm dermaleinst nachzufolgen und dabei auch in der hohen Kunst der Korruption den ein oder anderen hilfreichen Hinweis aufschnappen darf. Er ist gelehrig – aber mindestens ebenso träge. Wann immer er aufgefordert wird, Hand anzulegen, stellt er – ebenso überzeugend wie unabweislich – fest, er habe doch „so schwere Arme"!

Tobias Tiefensee

Blütenschwarz

Alexander Groth: Blütenschwarz. 12 x 19 cm, Hardcover, matt, mit Lesebändchen. Rotkiefer Verlag, Berlin. 2024. 76 Seiten.
ISBN: 978-3-949029-34-9

Alexander Groth, ein 26-jähriger Haiku-Dichter, hat sein erstes Buch „Blütenschwarz" veröffentlicht. Im Vorwort erklärt er, dass er durch das Anime „Words Bubble Up Like Soda Pop" zur Haiku-Dichtung fand, anstatt durch die klassischen Haiku-Dichter wie Bashō, Buson, Issa und Shiki.

Alexander Groth wurde 1997 in Neubrandenburg, Mecklenburg-Vorpommern, geboren und schreibt seit seiner Kindheit lyrische und prosaische Texte. Im Jahr 2022 erschienen seine Haiku erstmals in den Monatsauswahlen von „Haiku heute". Es folgten weitere Veröffentlichungen in international bekannten Haiku-Magazinen wie „Prune Juice", „Frogpond" und „Modern Haiku". Seit dem Frühjahr 2024 ist er Mitglied der Deutschen Haiku-Gesellschaft.

Das Anime „Words Bubble Up Like Soda Pop" spielt eine zentrale Rolle in Groths künstlerischer Entwicklung. Die Hauptfigur, Cherry, drückt seine Gefühle durch Haiku aus und baut so Verbindungen zu anderen Charakteren, besonders zu Smile, einer Influencerin, auf.
Groth selbst nutzt Social Media, um seine Haiku zu teilen und ein breites

Publikum zu erreichen, ähnlich wie Smile im Anime. Dies zeigt, wie traditionelle Kunstformen und moderne Medien verschmelzen können.

Der Titel des Buchs „Blütenschwarz" ist äußerst passend gewählt, da er eine starke visuelle und emotionale Wirkung entfaltet und verschiedene Assoziationen hervorruft. Die Kombination von „Blüte" und „Schwarz" bildet einen markanten Kontrast: Die Blüte symbolisiert das Leben mit all seiner Schönheit, Farbenpracht und Fülle, während Schwarz auf die Schattenseiten des Lebens hinweist, wie Schmerz, Trauer oder das Gefühl von Ausgrenzung.

Das dazugehörige Titelbild greift dieses Thema auf faszinierende Weise auf, indem es zwei schwarze Rosen zeigt. Auch hier erzeugt der Gegensatz Spannung: Rosen stehen für Romantik und Zuneigung, während die Farbe Schwarz Einsamkeit und Traurigkeit symbolisiert. Die mit Tropfen benetzten Rosenblätter verstärken diese Wirkung noch, da sie an Regen oder Tränen erinnern und so die emotionale Tiefe des Bildes unterstreichen.

Das Buch umfasst fünfzig Haiku, die auf fünf Kapitel verteilt sind. Anders als man vermuten könnte, enthält jedoch nicht jedes Kapitel genau zehn Texte. Insgesamt ergibt sich dennoch die Anzahl von fünfzig Haiku. Die Kapitel tragen die Namen Rhododendron, Akelei, Nachtschatten, Besenheide und Kornblume. Diese Blütenpflanzen erstrahlen, genau wie die Haiku im Buch, in verschiedenen Farben und Formen. Jedes Kapitel beginnt mit einer Doppelseite, auf der links eine Grafik von Adobe Stock die jeweilige Pflanze zeigt, während der Name der Pflanze rechts steht. Die Haiku sind thematisch auf die jeweilige Pflanze abgestimmt. So symbolisiert der Rhododendron beispielsweise die Zerbrechlichkeit der Liebe, da seine Blüten sehr empfindlich sind. Hier ein Beispiel dafür:

Kleiderspende –
vor dem Waschgang noch einmal
seinen Duft aufnehmen

Dieses Haiku beschreibt einen Moment der Wehmut und des Abschieds. Es geht um das Spenden von Kleidung, die vermutlich mit Erinnerungen und Emotionen verbunden ist. Der Akt, den Duft der Kleidung vor dem

Waschgang noch einmal aufzunehmen, symbolisiert das Festhalten an diesen Erinnerungen und Gefühlen, bevor man sich endgültig davon trennt. Es ist ein kurzer, aber intensiver Moment des Innehaltens und der Reflexion über die Vergangenheit.

Ein weiteres Beispiel findet sich im Kapitel „Nachtschatten". Diese Pflanze steht für Sehnsucht, Trauer, Beständigkeit und Treue, wie das folgende Haiku zeigt:

sternenkind –
im granit der name
den er nie trug

Dieses Haiku beschreibt einen tief bewegenden und traurigen Moment. Der Begriff „Sternenkind" bezieht sich auf ein Kind, das vor oder kurz nach der Geburt gestorben ist. Der Name, der „im Granit" eingraviert ist, symbolisiert ein Grabmal oder eine Gedenktafel. Der Ausdruck „den er nie trug" unterstreicht die Tragik, dass das Kind diesen Namen nie im Leben tragen konnte. Das Gedicht fängt die Trauer und den Schmerz der Eltern ein, die sich an das Kind erinnern und es ehren, obwohl es nie die Chance hatte zu leben.

Am Ende des Buches findet sich das Kapitel „Kornblume". Die Kornblume symbolisiert Hoffnung und dient auch als Gedenkzeichen für gefallene Soldaten. In Frankreich ist sie als „Bleuet de France" bekannt und erinnert lebendig an die Opfer der Kriege, insbesondere des Ersten und Zweiten Weltkriegs. Auch in Deutschland diente die Kornblume nach dem Ersten Weltkrieg als Erinnerung an die gefallenen Soldaten. Ein Beispiel dafür ist der folgende Text:

soldatengrab –
ab morgen bin ich ein jahr älter
als du warst

Dieses Haiku beschreibt einen tiefen Moment der Reflexion und Trauer. Das „Soldatengrab" verweist auf einen gefallenen Soldaten, der sein Leben im Krieg verloren hat. Der Verfasser erkennt, dass er ab morgen ein Jahr älter sein wird, als der Soldat jemals wurde. Dies unterstreicht die Tragik des verlorenen Lebens und die verpassten Möglichkeiten. Es ist ein Moment des Innehaltens, der das Bewusstsein für die Vergänglichkeit des Lebens und die Opfer des Krieges schärft.

Alexander Groth versteht es meisterhaft, komplexe Themen auf das Wesentliche zu reduzieren, ohne dabei an Tiefe zu verlieren. Beim Lesen der Haiku bekam ich teilweise Gänsehaut, so intensiv sind die Emotionen, die sie im mir hervorrufen. Einige Texte sprechen mich besonders an und berühren mich tief.

Dies ist kein Buch, das man nebenbei liest; es ist keine leichte Lektüre. Vielmehr regt es zum Nachdenken an und lädt die Lesenden dazu ein, sich vollkommen auf die Texte einzulassen und tief in die beschriebenen Gefühle und Situationen einzutauchen.

Alexander Groth schreibt in seinem Vorwort dazu:

> „Die Geschichten, die diesen Haiku zugrunde liegen, erzählen von Schmerz, Trauer, Ausgrenzung, Verlust und dem kleinen Funken Hoffnung, der irgendwo dazwischen umherirrt. Von daher wäre es wohl unpassend, wenn ich Ihnen, werte Leserin, werter Leser, viel Vergnügen bei diesem Werk wünschte. Viel eher hoffe ich, dass Sie beim Lesen dieser Zeilen ein ähnliches Gefühl verspüren wie ich beim Schreiben. Vielen Dank."

Diese Worte des Autors spiegeln genau das wider, was ich beim Lesen empfunden habe. Das Buch nimmt mich mit auf eine emotionale Reise, lässt mich an den tiefen Gefühlen und Gedanken des Autors teilhaben und ermöglicht es mir, diese nachzuspüren. Es ist wie das Leben selbst – ein Spiegel, der die Höhen und Tiefen, die Freuden und Schmerzen reflektiert. "Blütenschwarz" ist ein Werk, das lange nachhallt und den Leser dazu einlädt, sich intensiv mit den eigenen Emotionen und Erfahrungen auseinanderzusetzen.

Spätausgabe
ich blättere vor
und zurück

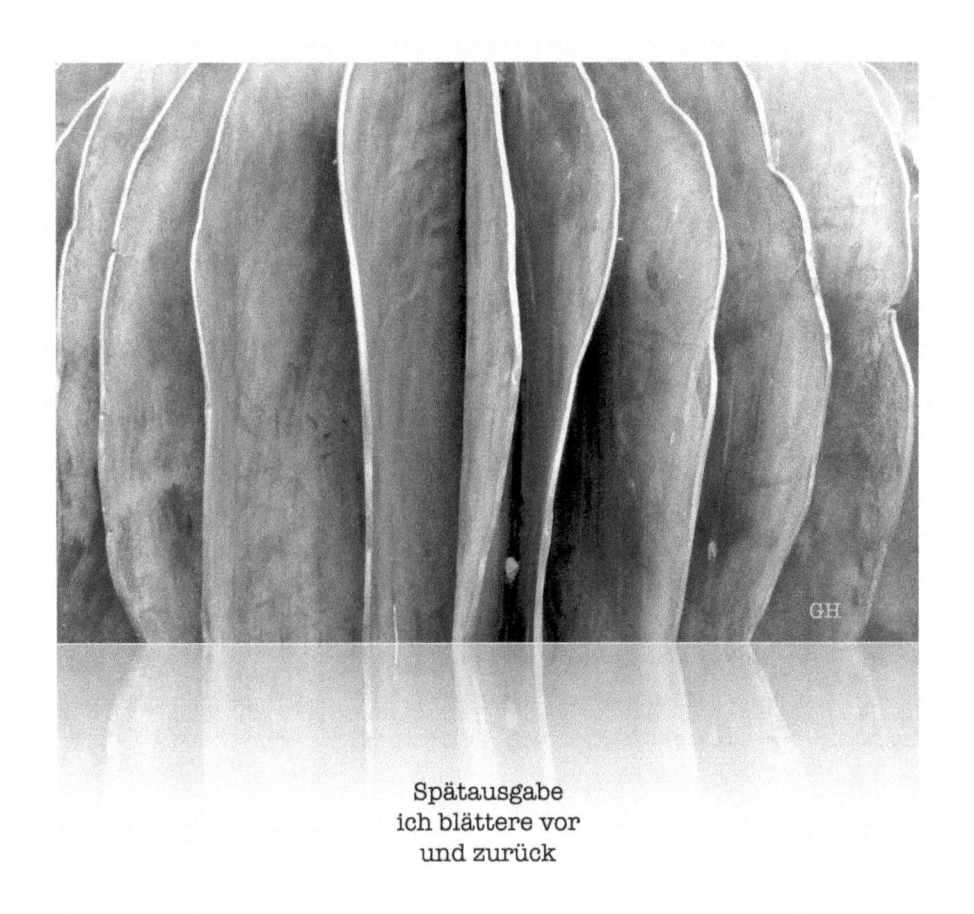

Haiga: Gabriele Hartmann

Brigitte ten Brink

Im blauen Leuchten

Volker Friebel: Im blauen Leuchten. Bunte Steine. Paperback. Edition Blaue Felder. 2024. Druck und Vertrieb: Neopubli, Berlin. 164 Seiten. ISBN 978-3-7598-6667-1

Haiku als Ausdruck täglichen (Er)Lebens auf Grundlage einer achtsamen Wahrnehmung, die dem besonderen, persönlichen Moment, der dabei in Worte gefasst wird, etwas tiefer Gehendes, Allgemeingültiges verleiht. Das sind die Haiku Volker Friebels.

Im September 2024 ist sein neues Haiku-Buch erschienen. Es heißt „Im blauen Leuchten", trägt den Untertitel „Bunte Steine" und enthält „chronologisch Haiku und gelegentlich dazu entstandene Prosa von Volker Friebel aus dem Zeitraum März 2020 bis Dezember 2023" – so steht es im Klappentext.

„Im blauen Leuchten" ist eine Sammlung aus in Haiku und Prosa gefassten Erlebnissen, die sich in verschiedensten Situationen – daheim, auf Spaziergängen, Wanderungen und Reisen – ereigneten und aufgeschrieben wurden. Geordnet in 29 überschriebene Kapitel mit der jeweiligen Angabe des Entstehungszeitraums sind die einzelnen Texte jeweils mit einer Ortsangabe des Geschehens und Entstehens versehen. So lassen sich die Ereignisse vom Leser verorten.

Um Missverständnissen vorzubeugen: Der Wechsel zwischen Haiku und Prosa ist unregelmäßig. Es sind also keine Haibun, auch wenn Haiku und Prosa sich immer wieder ergänzen. Die Prosa-Einschübe sind Reflexionen über das, was der aktuelle Augenblick im Autor auslöst oder eine Beschreibung der örtlichen Umgebung, in der die Haiku entstanden. Auf Seite 11 erzählt Volker Friebel z. B. von einer Wanderung im Coronajahr 2020 um den Hallwilersee im schweizerischen Zufikon. Am Rande des Weges lag eine Reihe buntbemalter Steine. Vielerorts sah man damals diese Reihen von Kindern gefärbter bunter Steine, die ein wenig Fröhlichkeit in den damaligen doch sehr beschränkten Alltag bringen sollten. Im Anschluss lesen wir das Haiku

Bemalte Kiesel.
Der Puls kleiner Herzen, fest geworden
am Wegrand.

Die Haiku sind Miniaturen einer mit allen Sinnen registrierten Wahrnehmung, und die ist vielschichtig. Es ereignen sich immer mehrere Dinge gleichzeitig, und immer wieder zeigen sich auch Kontraste, ja Diskrepanzen in dieser Gleichzeitigkeit.

Aus dem Wald heult eine Säge
vom Krieg.

Fußweg vom Kloster Kirchberg zur Himmelsleiter   (S. 10)

An der Baustelle –
die Vollkommenheit der Blätter
im blühenden Baum.

Tübingen, Nähe Busbahnhof   (S. 123)

Sie spiegeln die Anteilnahme an dem Geschehen und beschreiben das eine Bild, welches im Fokus der Wahrnehmung steht. Auf einer sechstägigen Wanderung auf dem Ulrikaweg von Ehingen durch Oberschwaben bis zum Bodensee entstanden 18 Haiku, die wie kurze Tagebucheinträge aus dieser Zeit wirken, indem sie genau einen bestimmten Moment festhalten.

Walddunkel.
Die einzige Blüte, gefunden
vom Distelfalter.

Hinter Bad Schussenried (S. 40)

Brombeeren zupfen –
Der Pilger dreht sein Gesicht
ins Morgenlicht.

Hinter der Wallfahrtskirche Birnau (S. 41)

Die eingestreuten Prosatexte reflektieren zum einen die Gefühle und Gedanken, die sich beim Schauen und Lauschen auf die Umgebung einstellen, und tragen den vielen Aspekten des Augenblickes Rechnung:

> „Was ist dieser Wind, der mich anrührt, hier am Weiher im Wald an einem kühlen Sommertag?
>
> Er ist Ausgleich unterschiedlichsten atmosphärischen Drucks, der irgendwie zustande kommt, die meisten Einflüsse haben mit der Sonne zu tun und damit, wie Meer und Land im Sonnenlauf unterschiedlich schnell abkühlen und sich erwärmen.
>
> Der Wind flüstert mir von Vergänglichkeit, vom Wechsel, den ich einmal begrüße, der mir ein andermal Angst macht. Da ist Physik kaum mehr enthalten, das ist Erleben, die subjektive Seite der Welt, in der die physikalische Welt zur Metapher wird. Der Wind, den ich erlebe, ist ein anderer als der, den ich von einem Messinstrument ablese, er ist Geheimnis geworden in mir, wie früher der Donner Geheimnis wurde als zürnender Gott." (S. 140/41)

Durch Beobachtung wird die Welt erfahren, interpretiert, geformt und gestaltet, je nach Sichtweise „freundlich, milde – oder hässlich, selbstsüchtig und grausam." (S. 141)

Zum anderen sind die Prosa-Exkurse kleine Reiseberichte, kurze Beschreibungen eines Ortes und seiner Gegebenheiten zwischen den Haiku-Sequenzen auf Reisen oder längeren Wanderungen. Der größte Teil dieser Eindrücke wird jedoch stets in den Haiku erzählt, die dort entstanden sind.

Marsala.
Aus dem Stein des Normannendoms
dieses Rauschen.

Marsala, Normannendom   (S. 51)

Alte Festung.
Ein leeres Schneckenhaus
im Wind vom Meer.

Kos-Stadt, in der Festung rastend   (S. 86)

Zwischen den Zeilen beschäftigen sich die Prosatexte auch mit der Frage nach den Bedingungen, unter denen ein Haiku überhaupt entstehen kann. So macht sich der Autor auf einer Wanderung bei Benediktbeuern Gedanken über den Unterschied zwischen Zuhören und Lauschen. Beides ist wichtig, doch das Zuhören ist auf einen bestimmten Punkt fixiert, während das Lauschen offener ist, mehr aufnehmen kann, wenn es praktiziert wird. „Da die Welt heute sehr laut ist, gibt es das Lauschen kaum mehr. Vielleicht nur noch für die Menschen, die sich Raum und Zeit für das Lauschen schaffen …" (S. 145)

Das, was in einem Haiku ausgedrückt wird, hat immer etwas mit einer persönlichen Entscheidung zu tun, mit der eigenen Sicht auf die Welt, in der sich objektive Wahrnehmungen und subjektive Eindrücke mischen, so wie es der Autor auf einer Bank am Ziegelweiher im Schönbuch bei Tübingen erlebte:

> „Taubengurren. Der Klang eines Froschs, der in den Waldweiher springt. Die leichte Bewegung des Schilfs und der Gräser im Wind.
> Es ist einfach das, was sich um uns ereignet, was unsere Sinne aufnehmen und für unseren Verstand umwandeln, …. Alles, was ich aufnehme, hat mit mir selbst zu tun. Aber was es uns angeht, ist eine Entscheidung, die wir so oder so fällen, weil wir Holzfäller oder Fotografen sind. … weil wir Geld verdienen möchten oder weil wir Ruhe und Frieden benötigen und wissen, was von all dem um uns herum uns heilen kann.
> Ich sitze am Waldweiher. Und ich spüre: ein Geheimnis ist trotzdem noch da. Aber ich weiß nicht welches. Und ich weiß nicht, wo denn irgendeine Haarbreite Raum für ein Geheimnis sein kann."…(S. 142)

Die Prosatexte Volker Friebels atmen den Geist der Umgebung, in der die Haiku geschrieben wurden, veranschaulichen dessen Atmosphäre und sind, wie der gerade zitierte, existenziell und spirituell.

Die Haiku sind Stillleben, die einen kurzen, begrenzten Ausschnitt des Seins in Worte fassen.

Gartenkonzert.
Mit den Noten der Flöte
spielt der Wind.

Tübingen, Garten des französischen Kulturinstitutes (S. 69)

Kairo.
Ich trete aus dem Gold im Basar
ins Licht.

Basarstraße (S. 114)

Als Resümee lässt sich sagen: „Im blauen Leuchten" ist eine gelungene Komposition aus Haiku und Prosa, in der sich beides wunderbar ergänzt.

Rüdiger Jung

Sehnsucht nach Frieden

Sehnsucht nach Frieden. Anthologie zum Thema FRIEDEN. Projektidee und Herausgeber: Ingo Cesaro. Lektorat und Einrichten: Inga Schlesinger. Gedruckt auf aufwändigem Werkdruckpapier: 100 g/qm mit 1,75fachem Volumen im Japanblock. Umschlag: Narbenkarton/Buchdruck. Druck: Vogel & Apitz, Steinach/Thüringen. Durchstichbindung u. Vertrieb: Gisela Gülpen. 72 Seiten. 500 Exemplare, nummeriert und signiert. Kronach: NEUE CRANACH PRESSE KRONACH. August 2024.

Eine Anthologie am Puls der Zeit. Ein Wiederlesen mit (um nur drei Namen herauszugreifen) Burgi Jaenecke, Horst Ludwig, Jennifer H. Weber.
    Das zurzeit drängendste Thema der Welt (Ukraine, Naher Osten und und und) wird sehr lebendig und facettenreich aufgegriffen und diskutiert – in Dreizeilern, die mit fünf plus sieben plus fünf Silben die japanischen Vorbilder Haiku und Senryu nachahmen.

Da trifft eine berechtigte Frage:

Wir liefern Waffen
und beten für den Frieden
geht das zusammen
    Horst Dwinger, Weitramsdorf (S. 29)

auf eine nicht minder berechtigte Gegenfrage:

Kann man Kriegstreiber
zum Frieden überreden,
ganz ohne Waffen?
    Petra Embacher, Weisendorf (S. 3)

Da werden diffizilste Probleme der Diplomatie auf denkbar engstem Raum angedacht:

Dem Gegner helfen
sein Gesicht zu wahren, um
des Friedens willen . . . ?
    Bärbel Maiberger, Bietigheim-Bissingen (S. 33)

Mir gefällt die nun schon dreifach dokumentierte Form der Fragen – spricht sie doch mehr für Menschen, die unentwegt um Wahrheit ringen, als für solche, die sie – längst schon – gepachtet haben.

Auch beeindruckt mich, wie differenziert Welt in diesen kurzen, eben ganz und gar nicht raumgreifenden Gedichten thematisiert und wahrgenommen wird. Die Vielfalt der bewaffneten Konflikte auf dieser Erde gebietet es, auch jene in den Blick zu nehmen, denen – um Leib und Leben willen – nichts anderes übrigbleibt, als ihre Heimat zu verlassen:

das Mittelmeer ist
ein Friedhof für Flüchtlinge
Sie suchen Frieden
    Reinhard Lehmitz, Rostock (S. 11)

Auch einer der wichtigsten neuen Aspekte zeitgenössischer Kriegsführung gerät in den Fokus: Desinformation, Fake News, Cyber War. Ein Weg, um Hass zu schüren und am Kochen zu halten:

Durchtriebenes Spiel
mit gefälschten Nachrichten
Unfrieden stiften
    Franziska Beuershausen, Halle/Westf, (S. 8)

Am Ende erweist sich Krieg immer wieder als eine Realität, die kollektiv Leben und individuell Hoffnungen zerstört:

Im Schützengraben
träumt ein Junge von Liebe
er träumt nicht lange
    Karl Prieler, Kitzbühel/Austria (S. 41)

Es gehört zum Thema, dass menschliche Gestik immer wieder zweideutig ausfällt:

Zwei Finger, gespreizt
hält mir der Freund entgegen:
„Friede sei mit Dir!"
    Hartmut Braune-Bezold, Weitramsdorf (S. 22)

Menschliche Gestik? Nicht nur die:

Zeit für Birdwatching
Mensch und Katz friedlich vereint
an der Balkontür
    Cornelia Rossberg, Coburg (S. 30)

Wer sich lyrisch mit dem großen Themenfeld von Krieg und Frieden auseinandersetzen will, der muss höchst sprachsensibel zu Werke gehen. Dann entdeckt er das Schillernde, Abgründige zwischen wörtlicher und übertragener Leseart, das einen (keineswegs nur befreienden) Lacher auslöst:

Zwei Friedensforscher
erklären sich jeden Tag
aufs Neue den Krieg
    Friedrich Ach, Nürnberg (S. 50)

Vor allem aber muss, wer den Krieg auch sprachlich an seinen Wurzeln zu packen bekommen will, ein Gespür für Schönrednerei und Bagatellisierung, für Verklärung und Euphemismus mitbringen, um sie aufzudecken:

Traurige Nachricht:
Es heißt, er sei gefallen.
Ein sanfter Sturz nur?
    Hartmut Braune-Bezold, Weitramsdorf (S. 24)

in langen Reihen
liegen Blumen auf Gräbern
wer ruht in Frieden
    Natalie Himmelsbach, Hösbach (S. 59)

Tatsächlich sind Krieg und Frieden keine Phänomene weit weg von uns, die nur in einer (dämonisierten) Weltpolitik ihren Platz hätten. Sie beginnen im Kleinen – inmitten unseres Alltags. Schon dort kommt es zu Auseinandersetzungen:

Fängt im Kleinen an.
Streit und Zank schon zu Hause.
Wie soll das enden?
    Gisela Gülpen, Kronach (S. 52)

Und schon hier ist eine wirkliche Befriedung nicht zu haben ohne eine tiefgreifende und aufrichtige Versöhnung:

*Nach langer Zeit fällt
das erste Wort zwischen uns.
Bin so erleichtert.*
  Carla Bayer-Cornelius, Wetter-Amönau (S. 52)

Ein biblisches Bild (Markus 10, 25) steht dafür ein, dass Frieden zwar ungeheuer schwierig, aber doch nicht unmöglich ist:

*Wie viele Kamele
warten vor dem Nadelöhr
Bis der Frieden kommt*
  Claudia Pöpping, Neusäß (S. 32)

Es müsste so einfach, es müsste ein Kinderspiel sein:

*am ende frieden –
der junge vergräbt seine
spielzeugsoldaten*
  Alexander Groth, Neuenkirchen (S. 34)

Wir sollten die Hoffnung nie und nimmer aufgeben. Ist das nicht ein herrliches Bild, dass selbst die Dinge in unsere Sehnsucht nach Frieden einstimmen, dass selbst die Waffen es irgendwann einmal satt sind:

*der bogen vor der
zielscheibe hat einen wunsch
einmal ausspannen*
  Gabriele Mohr, Duisburg (S. 41)

Es ist nicht so, dass eine vom Krieg versehrte und heimgesuchte Welt nicht ein neues, ganz anderes Leben im Frieden zuließe:

Der alte Panzer
Ein sicheres Zuhause
Frecher Waschbären
    Rainer Sander, Wittenberge (S. 16)

Diese Frechheit lassen wir uns doch wirklich gerne gefallen. Krieg oder Frieden – das ist am Ende die Frage, wem wir die Herrschaft über unser Dasein in die Hand legen – dem Leben oder dem Tod.

Schließlich möchte ich diese Rezension mit dem Tex abschließent, der mich unter allen (insgesamt 306) am innigsten berührt, weil er – wie sich das für ein gutes Haiku gehört – a) schlichtweg verblüfft und mir dann b) lange nachgeht:

Wäre doch schade,
wenn erst die letzte Ruhe
die erste wäre.
    Thomas Berger, Kelkheim (S. 59)

Eleonore Nickolay

Personenlexikon zur deutschsprachigen Haiku-Dichtung

Moritz Wulf Lange: Personenlexikon zur deutschsprachigen Haiku-Dichtung. Taschenbuch. LIT Verlag, Münster. 2024. 202 Seiten. 978-3-643-15567-2

Recht bescheiden formuliert Moritz Wulf Lange im Vorwort Anspruch und Ziel seines Lexikons, einerseits einen ersten Eindruck von den nachgeschlagenen Personen und deren Arbeit zu vermitteln und andererseits die Beschäftigung mit dem Haiku zu erleichtern. Dabei hat sich der Autor, der Literatur, Linguistik und Geschichte mit den Schwerpunkten Moderne Lyrik und Lexikologie/Lexikographie studierte, der höchst anspruchsvollen Aufgabe gestellt, bio-bibliografische Informationen zu weit über 250 Dichtern und Dichterinnen aus Deutschland, Österreich und der Schweiz zusammenzutragen.

Auch der von ihm recherchierte Zeitraum ist bemerkenswert, nämlich vom Jahre 1925 an, in dem in einer Berliner Zeitschrift erstmals Haiku auf Deutsch veröffentlicht wurden, bis in die Gegenwart. Die somit zum jetzigen Zeitpunkt 99 Jahre alte Geschichte des deutschsprachigen Haiku teilt Lange in vier Phasen: die „Gründungsphase" von 1925 bis 1962, die „Aufbauphase" von 1962 bis 1988 (das Gründungsjahr der Deutschen Haiku-Gesellschaft!), die „Konsolidierungsphase" von 1988, in der nach Lange die DHG „das wichtigste Sammelbecken für die Haiku-Dichtung" bildete, bis 2003, als Martin Berner deren Präsidentschaft übernahm, und als vierte Phase die „Erweiterungsphase" von 2003 bis in die Gegenwart mit dem Aufkommen des Internets als neues, wichtiges Verbreitungsorgan.

Weiterhin erklärt Lange sehr ausführlich seine Kriterien für die Aufnahme in das Lexikon, wobei seine Leitlinie darin bestand, Personen aufzunehmen, die nachweislich die deutschsprachige Haiku-Dichtung und das Bild, das sie reflektiert, beeinflusst bzw. geprägt haben. So stehen für die Anfangsphasen Namen wie Margret Buerschaper und Carl Heinz Kurz neben den Namen bekannter Dichter und Dichterinnen wie Rainer Maria Rilke, Sarah Kirsch und Durs Grünbein, während ab 2003 zahlreiche DHG-Mitglieder, ebenso wie ÖHG-Mitglieder aufgeführt werden und Autoren und Autorinnen der Jahrbücher von „Haiku heute", des Internetportals von Volker Friebel.

Ein sehr empfehlenswertes Nachschlagewerk, das uns zudem noch eine Zusammenfassung der Geschichte des deutschsprachigen Haiku liefert und mit einer Zeittafel von 1849 bis 2021 abschließt.

weiße Rosen aus Athen ...

meine Jugendzeit

blüht auf

Haiga: Angelika Holweger

Berichte

Rita Rosen

Lesen in Spanien

Ich führe viele Lesungen durch, hier in Wiesbaden und in der Region. Aber nun hatte ich die Gelegenheit, in Spanien zu lesen. Dies war eine besondere Herausforderung für mich. Meine Großnichte Irene Preuß wirkte mit. Die Lesung fand in Altafulla statt, einem kleinen Ort in der Nähe von Barcelona. Hier gibt es auch eine englische und eine deutsche Community. So hofften wir, hier auch Zuhörer und Zuhörerinnen gewinnen zu können. Mit Plakat, Flyer und durch Mundpropaganda wurde sie bekannt gemacht.

Die Leiterin der »Pink Factury« öffnet ihre Galerie auch für andere Kulturevents und ist somit ein beliebter Ort geworden. Zu unserer Lesung kamen ca. 30 Personen.

Die Lesung wurde in Deutsch und Spanisch/Katalanisch gehalten. Grundlage hierfür war das Buch, das ich vor Kurzem herausgegeben habe: „Straßen.Leben Streets.Life Rues.Vie Calles.Vida" in dem es Haiku in Deutsch, Französisch, Englisch und Spanisch/Katalanisch gibt. Die spanisch/katalanische Übersetzung ist von Irene Preuß, die auch Deutsch spricht. Nun konnte sie ihre Übersetzungen auch einmal vortragen. Im Buch sind Haiku über Begebenheiten des Lebens in und auf den Straßen von deutschen Städten versammelt, traurige und lustige Situationen. Es erfreute uns zu sehen und zu hören, dass diese auch hier verstanden wurden und oft ein Lachen hervorriefen.

auf HIGH HEELS
   stöckeln sie über die Rue
   ihre Männer stützen sie

       sobre ZAPATOS DE TACON
         andan por la calle
         sus maridos las sostienen

Es ist immer gut, Pausen beim Lesen zu machen. So kann das Gehörte besser verarbeitet werden. So taten wir das auch hier. Mit Tönen der verschiedenen Klanginstrumente, der Klangschale, dem Regenmacher und der Daumentrommel schafften wir eine nachdenkliche Stimmung, die sehr geschätzt wurde. Wir gestalteten die Lesung auch interaktiv. Wir fragten, welches Haiku wir wiederholen sollten. Ein Wort, ein Satz, ein Bild genügte, um das betreffende Haiku zu erkennen und erneut gelesen zu werden. Dies rief oft ein lebhaftes Kopfnicken und Murmeln hervor. Viele Wünsche wurden genannt. Ein Haiku präsentierten wir in Rätselform. Ein bekannter katalanischer Autor hatte einmal einen Wunsch geäußert:

zwei bis dreimal am Tag
die Ramblas auf und ab –
der Wunsch des Dichters

Wer war der Autor? Nach einigen Minuten des Herumrätselns wurde er genannt: Manuel Vázques Montalban. Der Rätsellöser wurde gelobt, und alle freuten sich, wieder an den Autor erinnert zu werden, der berühmt und beliebt gewesen war. Allen waren die Ramblas bekannt, eine der Prachtstraßen in Barcelona.

   Ich hatte vor einiger Zeit ein Haibun geschrieben über einen derben katalanischen Weihnachtsbrauch, den ich in Altafulla beobachtet hatte. Diese Geschichte lasen wir ebenfalls vor. Das Lachen nahm kein Ende. Besonders als sie hörten, dass ich dieses Haibun auch in Deutschland vortrage und dass es hier großes Erstaunen hervorruft. (Ich werde es in der nächsten Ausgabe von »Sommergras« wiedergeben!)

Zum Abschluss gab es noch eine Überraschung. Ich hatte eigens einige Haiku über Eigenheiten des Lebens in Altafulla geschrieben – und diese trug Irene in Katalanisch vor. Zum Beispiel:

das Schloss auf dem Hügel	el castell sobre el turó
verlassen	abandonat
Geister feiern Feste	esperits celebren festes

Der Beifall war groß.

Es war ein schönes Erlebnis, meine Haiku Menschen einmal außerhalb meines bekannten Wirkungskreises nahezubringen, zu sehen, dass sie verstanden und geschätzt wurden. Auch erfreute ich mich an dem exotischen Klang der spanisch/katalanischen Wörter, die ich ja sonst nie zu hören bekomme.

Draußen gab es dann in der lauen Sommernacht auf Treppenstufen und Mauern, auf Stühlen und Kissen sitzend, gekühlten CAVA zu trinken. Und immer wieder wurde beteuert, welch schöne Gedichtform doch das Haiku ist.

Mitteilungen

Neuveröffentlichungen

1. Matthias Gysel: Eine Geigerin zupft den Regen. Mikrolyrik, 96 Seiten, Hardcover. Verlag Steinmeier, Deiningen. 2024. 96 Seiten.
ISBN 978-3-910597-07-5

2. Moritz Wulf Lange: Personenlexikon zur deutschsprachigen Haiku-Dichtung. Taschenbuch. LIT Verlag, Münster. 2024. 202 Seiten.
ISBN 978-3-643-15567-2

3. Friedrich Lederer: Es gibt so vieles, was man in siebzehn Silben alles sagen kann. Ein heiter-poetischer Brückenschlag zwischen Japan und Deutschland. Haag+Herchen, Hanau. 2024. 115 Seiten.
ISBN 978-3-89846-915-9

Sonstiges

Voraussetzungen für das Einreichen von Beiträgen für die Zeitschrift SOMMERGRAS

Die Redaktion freut sich immer über Einsendungen von Ihnen. Wie bei allen Publikationsmedien gibt es auch bei uns einige formelle Voraussetzungen, die Ihr Beitrag erfüllen muss. Wir bitten Sie um die Beachtung folgender Hinweise und danken für Ihr Verständnis.

Voraussetzung für das Einreichen von Beiträgen

- Bitte speichern Sie Ihre Datei als .docx, wenn Microsoft Word verwendet wird.

- Bei ALLEN anderen Programmen (wie zum Beispiel Open Office) müssen Sie Ihre Datei gleich (**ohne Umweg über odt!**) als .rtf speichern.
- Bitte verwenden Sie in Ihren Texten so wenige Formatierungen wie möglich.
- Verwenden Sie bitte keine weichen Zeilenumbrüche (Umschalttaste + Eingabetaste bzw. Shift + Enter).
- Schreiben Sie Ihren Text nicht im Blocksatz und führen Sie keine Silbentrennung durch.
- Schreiben Sie Ihre Haiku/Tanka/Rengay und Kettengedichte **immer untereinander. Niemals nebeneinander!**
- Bedenken Sie, dass wir Ihre Beiträge in A5 umformatieren, sodass wir ihr gewünschtes Layout eventuell nicht realisieren können.
- Verwenden Sie Fußnoten, **keine** Endnoten.
- Die Redaktion verwendet gemäß den Empfehlungen des Deutschen Rechtschreibrats keine Genderzeichen im Wort (*, :, _).

Anforderungen an eingesandte Fotos

Bildauflösung: 300 dpi
Bildqualität:
- bei ganzseitigen Fotos (A5) mindestens 1800 x 2500 Pixel.
- bei halbseitigen Fotos (A6) mindestens 1200 x 1600 Pixel.
- Bei Smartphone-Kameras sollten Sie die höchste Auflösung einstellen.
- Die Schärfe und der Kontrast des Bildes sollten hoch genug sein, damit im Druck keine Details verloren gehen. Vermeiden Sie unscharfe oder zu stark komprimierte Bilder

Dateiformat: jpg
Farbraum: RGB
- Bitte keine Dateien über 5 MB schicken.

Unser Lektorat wird Ihre Texte vor der Veröffentlichung nach den aktuellen Empfehlungen der Duden-Redaktion korrigieren.
Sie als Verfasser/Verfasserin tragen die Verantwortung für korrekte

Übersetzungen, Quellenangaben und Zitate. Mit der Einsendung Ihres Textes an die Redaktion erklären Sie, dass Ihr Text frei von Rechten Dritter ist.

Bitte senden sie Ihre Beiträge an die E-Mail-Adresse: redaktion@sommergras.de

Ausschreibung Haiku-Jahrbuch 2024

Das Haiku-Jahrbuch ist der Versuch, ein Gedächtnis des deutschsprachigen Haiku aufzubauen. Alle bisher erschienenen Jahrbücher (2003–2023) kann man unter folgender Adresse kostenfrei herunterladen: www.haiku-heute.de/jahrbuch

Für das Haiku-Jahrbuch 2024 werden die besten Haiku gesucht, die 2024 entweder geschrieben oder erstmals veröffentlicht wurden, gerne auch in Mundart (zur leichteren Beurteilung bitte mit Übersetzung ins Hochdeutsche). Senden Sie bitte Ihre besten Haiku des Jahres ein (maximal 50). Die Texte dürfen durchaus bereits an anderer Stelle veröffentlicht sein, Sie müssen aber über die Rechte verfügen. Auch Tan-Renga sind erwünscht, längere Kettengedichte, Tanka oder Haiku-Prosa dagegen nicht.

Bitte fügen Sie noch einige Zeilen zu Ihrer Person hinzu, die, bearbeitet, ins Autorenverzeichnis aufgenommen werden können (Vor- und Nachname, Geburtsjahr, Wohnort, Tätigkeit, Sonstiges). Auch eine eigene literarische Netz-Präsenz sowie zwei eigene Haiku- oder Lyrikbücher können genannt werden.

Das Jahrbuch wird sowohl als Papierdruck als auch elektronisch veröffentlicht. Jeder aufgenommene Autor erhält, soweit er eine E-Mail-Adresse angibt, kostenfrei eine elektronische Datei.

Mit der Einsendung erklären Sie, dass Sie über die Rechte an den eingereichten Texten verfügen und mit dem kostenfreien Abdruck im Haiku-Jahrbuch (Papierdruck sowie elektronische Datei) unwiderruflich einverstanden sind. Alle weiteren Rechte bleiben bei Ihnen, Sie können über Ihre Texte also weiterhin frei verfügen.

Einsendungen bitte an: Volker Friebel, Denzenbergstraße 29, 72074 Tübingen (Deutschland), wenn irgend möglich aber über das Einsendeformular zum Jahrbuch auf www.haiku-heute.de/jahrbuch. Die Einsendefrist endet am 15. Januar 2025. Benachrichtigungen erfolgen über www.haiku-heute.de und über die E-Mail-Adressen der Einsender.

Auszeichnungen

summer solstice
floating between grass and sky
the lovers' hammock

Sommersonnenwende
schwebend zwischen Gras und Himmel
die Hängematte der Liebenden

Stefanie Bucifal

2. Platz
Dreamers 2024 Haiku Contest

Mentoring

Für das **Haiku- und Haiga-Mentoring** stellt sich Claudia Brefeld zur Verfügung.
post@claudiabrefeld.de

Erratum

SG 146, S. 68: Auf der Mitgliederseite fehlt wegen eines Übertragungsfehlers das Haiku von Annika Carmen Schmidt. Die HTA-Koordinatorin Eleonore Nickolay bittet die Autorin um Entschuldigung.

3 pflanzen
2 leuchten
1 liebe

    Annika Carmen Schmidt

Das Bild für das Cover dieser Ausgabe stammt von Angelika Holweger. Sie malt, druckt, schreibt und ist eigentlich nie ohne Kamera unterwegs. Diese Aufnahme entstand im Schwenninger Moos, einem nacheiszeitlichen Moor. Dieses bietet zu jeder Jahreszeit interessante, auch viele minimalistische Fotoszenen wie auf dem Cover zu sehen ist.

Impressum

Vierteljahresschrift der Deutschen Haiku-Gesellschaft
37. Jahrgang – Dezember 2024 – Nummer 147

Herausgeber:	Vorstand der DHG Tel.:+49 471 41875156 E-Mail: info@haiku.de
Redaktion:	Horst-Oliver Buchholz, Sylvia Hartmann, Eleonore Nickolay
Mitarbeit:	Claudia Brefeld
Titelillustration:	Angelika Holweger
Covergestaltung:	Martina Khamphasith
Lektorat	Gabriele Buschmann, Martina Khamphasith
Satz und Layout:	Martina Khamphasith

Freie Mitarbeit erwünscht. Ihre Beiträge schicken Sie bitte per

E-Mail an:	Horst-Oliver Buchholz, Eleonore Nickolay: redaktion@sommergras.de
Post an:	Petra Klingl, Wansdorfer Steig 17, 13587 Berlin

Über die Veröffentlichung der Beiträge entscheidet die Redaktion. Die Meinung unserer Autoren muss sich nicht immer mit der Meinung der Redaktion decken. Die Beiträge werden von uns sorgfältig geprüft, für die Richtigkeit, Vollständigkeit und Aktualität der Inhalte, insbesondere der fremdsprachlichen Texte, können wir jedoch keine Gewähr übernehmen.

Einsendeschluss
für die Haiku- und Tanka-Auswahl: 15. Januar 2025
Redaktionsschluss: 20. Januar 2025

© Alle Rechte bei den Autoren.
Nachdruck nur mit Genehmigung des Herausgebers gestattet.

Jahresabonnement Inland (inkl. Porto) 45 €
Jahresabonnement Ausland (inkl. Porto) 55 €
Einzelheftbezug Inland (inkl. Porto) 12 €
Einzelheftbezug Ausland (inkl. Porto) 14,50 €
Auslandsversand nur auf dem Land-/Seeweg.

Der Mitgliedsbeitrag beträgt 45 € im Jahr und beinhaltet die Lieferung der Zeitschrift (Inland inkl. Porto, Ausland + 10 € Porto).
Die finanzielle Unterstützung der DHG quittieren wir mit Spendenbescheinigungen.

Milton Keynes UK
Ingram Content Group UK Ltd.
UKHW031021011224
451693UK00004B/552